초등학생용 논술대비

독후감 길라잡이

이성길 **지음** | 정주익 **그림**

- 지리산 포수의 아들
- 황소와 도깨비
- 하나님은 진실을 알지만 빨리 말하지 않는다
- 양초로 국 끓인 사람들
- 크리스마스 선물

Q 으뜸사

이 책을 읽는 어린이들에게...

탈무드에 '날지 못하는 새'에 관한 이야기가 나옵니다.

하나님이 세상을 처음 만들었을 때, 동물들은 저마다 한 가지씩 재주를 가지고 태어났지요. 호랑이는 강한 이빨과 날카로운 발톱을 가지고 있었으며, 뱀은 무서운 독을 갖게 되었습니다. 그런가 하면 말은 튼튼한 다리를 하나님에게 선물로 받았습니다.

그런데 하나님이 미처 신경 쓰지 못한 동물이 있었습니다. 바로 새였지요. 그 당시의 새에게는 날개가 없었답니다. 무서운 동물이 다가오면 약한 두 다리로 도망치기 바빴지요. 생각다 못한 새들은 하나님을 찾아가 자기들에게도 한 가지 재주를 달라고 애원했습니다.

"그렇다면 너희들에게 하늘을 날아다닐 수 있는 날개를 주마."

하나님이 그렇게 말하자마자 세상 모든 새들에게 날개가 생겼습니다. 날개를 얻은 새들은 하늘을 훨훨 날아다닐 수 있게 되었지요.

그러던 어느 날, 하나님이 세상을 가만히 내려다보니 날개를 가지고 있으면서도 고집스럽게 두 발로 뛰어다니는 새 한 마리를 발견했습니다. 바로 타조였지요. 하나님이 왜 하늘을 날아다니지 않느냐고 묻자, 타조는 엉뚱한 말만 했습니다.

"하나님, 날개가 생기니까 거추장스러워서 빨리 뛰어다닐 수가 없어요. 제 날개를 다시 가져가세요."

타조는 하늘을 나는 것이 뛰는 것보다 얼마나 빠르고 신나는 일인지 몰랐던 것입니다. 하나님이 어리석은 생각을 깨우쳐주려고 했지만 타조는 고집을 꺾지 않았습니다. 결국 타조는 자기가 가진 놀라운 재주를 사용하지 못하고 평생 땅 위를 힘들게 걸어다니게 되었지요.

어린이 여러분…

우리 사람들에게도 하나님이 준 선물이 있을까요?

물론 있습니다. 하나님이 빼놓을 리가 없지요. 그게 뭘까요? 바로 학습하는 능력이랍니다. 우리는 말과 글을 가지고 있습니다. 말과 글을 통해 새로운 것을 배우고 익혀, 더 놀라운 세상을 만들어나가는 것이 우리 사람들이지요.

세상에 어떤 동물이 수백 년, 수천 년 전에 일어난 일을 훤히 알고 있을까요? 그건 사람이 아니면 할 수 없는 일이지요. 우리는 인간이 세상에 태어나기 전에 지구에서 일어난 일도 알고 있습니다. 모든 것들이 글로 정리되어 있고, 우린 그것을 읽으며 학습하여 훤히 알고 있는 것이지요.

사람이 무언가를 만들어낼 줄 아는 것은 학습하는 능력과 생각하는 능력이 있기 때문에 가능하답니다. 배를 예로 들어 보기로 해요. 최초의 배는 어떻게 만들어졌을까요? 사람들은 나무가 물에 뜬다는 사실을 먼저 발견했을 거예요. 그리곤 나무와 나무를 연결하여 뗏목을 만들었지요. 그것이 조금 더 발전하여 통나무배가 됐고, 오랜 세월이 지난 지금은 항공모함은 물론이고 잠수함까지 만들어내게 되었지요.

여러분,
항공모함이나 잠수함을 만든 건 어른들이 한 일이에요. 그렇다면 여러분은 어떤 배를 만들어낼 건가요? 더 발전된 배를 만들어내기 위해서는 지금까지 만들어온 배에 대해 공부를 해야 하지요. 그것을 알아야 더 발전시킬 수 있는 거잖아요. 그런 공부가 바로 독서예요. 독서를 통해 세상의 지식을 배우고 익혀 더 발전된 새로운 것을 만들어내는 힘! 이것이 바로 하나님이 우리들에게 준 선물이지요.

그런데 우리 주변을 가만히 살펴보면 타조처럼 행동하는 어린이들이 많은 것 같아요. 자기가 가진 재주를 거추장스러워하고 그것을 사용하지 않으려고 한단 말이에요. 타조가 날개를 사용하지 않았듯이 말예요. 참 어리석은 일이에요.

여러분, 발명왕 에디슨을 아시나요? 컴퓨터왕 빌게이츠는요? 그 분들의 어린 시절을 살펴보면 책을 정말 열심히 읽었다는 것을 알 수 있어요.

이 책에서는 여러분들에게 책을 잘 읽는 방법과 책읽기를 통해 자기의 생각을 폭넓게 가꾸어 가는 방법을 가르쳐드릴 겁니다. 책을 읽으면서 하나하나 공부해나가다 보면 어느덧 독서왕이 되어 버린 자신을 발견하게 될 거예요. 어린 새가 날갯짓을 익혀 푸른 하늘로 훨훨 날아가듯, 여러분들도 이 책으로 독서하는 방법과 재미를 흠뻑 느껴보세요. 독서는 여러분에게 날개를 달아주게 될 겁니다. 세상을 향해 새처럼 훨훨 나는 여러분의 모습을 상상해 보세요. 정말 신나는 일일 거예요.

학부모님들에게...

▶ 개인주의가 팽배해져 가는 세상 탓인지 어린이들의 동심에도 감성을 찾아보기가 점점 힘들어지고 있습니다. 귀한 댁의 자녀, 다른 사람의 처지를 이해하고 동정할 줄 아는, 마음 따뜻한 아이로 키우고 싶으신가요?

▶ 모든 학습의 기초는 독해 능력입니다. 한 마디로 넘쳐나는 정보를 정확하게 받아들일 줄 아는 능력이지요. 이런 능력을 우리 아이가 갖출 수만 있다면 얼마나 좋을까요?

▶ 많은 것을 받아들이기만 하면 수재로 인정받던 시대는 지났습니다. 21세기의 화두가 창의력, 혹은 구상력을 갖춘 인재임을 모든 부모님들이 인지하고 계실 것입니다. 생각하는 습관, 혹은 생각하는 방법의 학습 없이 창의력이니 구상력이니 하는 것들을 습득해내기란 어려운 노릇이지요. 세상의 모든 어린이가 생각 깊은 사람으로 자라날 수 있다면 얼마나 좋을까요.

이 책은 위에서 말씀드린 세 마리의 토끼를 한꺼번에 잡아내는 데 초점을 맞추어 집필되었습니다. 제시된 글을 읽은 후 내용을 정확히 파악하고, 파악한 내용을 요약 정리하여 자신만의 생각을 창출해낼 수 있도록 이끌어 줍니다.

　많은 사람들이 이야기합니다. 창의력을 기르는 데 글쓰기만한 지름길은 없을 것이라고 말입니다. 위에서 말씀드린 세 마리의 토끼를 어린이들이 제 것으로 만들어내는데 가장 좋은 글쓰기 연습은 독서감상문입니다. 이 책에서는 책의 이해와 요약, 생각의 전개라는 세 가지 요건들이 독서감상문으로 표출될 수 있도록 지도합니다.

　사소한 행동이 굳어져 습관이 되고, 습관이 그 사람의 성격으로 발전한다고 합니다. 부모님들의 따뜻한 격려와 관심이 어린이들이 독서가로 성장하는데 가장 중요한 주춧돌입니다. 어린이들이 이 책의 처음부터 끝까지 꾸준히 학습해 나갈 수 있도록 부모님께서 이끌어주시기 바랍니다.

차 례

머리말   2
이 책을 읽는 어린이들에게   2
학부모님들에게   6

동화를 읽기 전에   10
-동화는 어떤 글인가요?   10
-동화의 중심생각과 짜임 파악하기   13

지리산 포수의 아들   17
(한국전래동화)
  - 내용파악   33

황소와 도깨비(이상)   45
  - 내용파악   60

하나님은 진실을 알지만 빨리 말하지 않는다   **79**
　　　　　　　　 － 내용파악   **98**

양초로 국 끓인 사람들(전래동화)   **123**
　　　　　　　　 － 내용파악   **134**

크리스마스 선물(O. 헨리)   **151**
　　　　　　　　 － 내용파악   **162**

해답   **185**

동화를 읽기 전에

어린이 여러분, 동화 많이 읽어 보셨지요? 그렇다면 동화가 어떤 글인지 생각해 본 적이 있나요? 어떤 글인지도 모르고 무작정 읽는 것은 앞뒤가 맞지 않지요? 이 책에는 여러 편의 동화가 실려 있는데요, 책을 읽기 전에 먼저 동화에 대해 알아보는 것이 좋을 것같아요.

동화는 어떤 글인가요?

동화는 어린이들이 읽을 수 있도록 쉬운 말로 재미 있게 꾸민이야기입니다. 순수한 마음을 키워갈 수 있도록 아름다운 말과 생각으로 어린이들에게 감동과 교훈을 주는 이야기들이 많지요.

동화의 특징

글은 왜 쓸까요? 나름대로 이유나 목적이 있지 않을까요?

맞습니다. 글을 쓰는 이유는 읽는 사람들에게 자기의 생각을 전달하기 위해서지요. 이것을 주제, 또는 중심생각이라고 합니다.

자기의 생각을 전달한다고 했는데요, 그럼 누구에게 그런 생각을 전달하고 싶은 것일까요? 글을 쓰기 전에 글쓴이는 누구에게 읽힐 것인가, 고민을 하지요. 이렇게 해서 정해진 대상을 예상독자라고 합니다.

동화의 예상독자는 누구일까요?

물론 어린이들이지요. 그러다 보니 어린이들의 생활과 밀접한 내용과 주제를 주로 다룹니다.

소설과 마찬가지로 동화도 꾸며 쓴 이야기입니다. 특히 상상의 세계를 그린 내용이 많지요. 즉, 실현 가능한 상상의 세계가 동화의 주요 내용이라고 생각하면 되겠습니다.

동화에서는 생물과 무생물도 사람처럼 취급되어 말하고 생각할 수 있습니다. 설명보다는 줄거리를 중심으로 사건을 이끌어 갑니다.

동화는 언제부터 쓰여졌을까?

여러분 설화라는 말을 들어보셨나요? 글이 생기기 훨씬 전부터 사람들은 자기의 생각과 느낌을 이야기 형태로 다른 사람들한테 들려주곤 했습니다. 전래 동화도 그 중 하나이지요. 동화의 뿌리는 설화에서 찾을 수 있습니다.

동화의 종류

▶ **창작동화** : 동화 작가가 어린이를 위해 지어낸 이야기

▶ **우　　화** : 사람이 아닌 동물, 식물, 혹은 무생물 등이 사람처럼 주인공이 되어 무엇인가를 깨닫게 해주는 교훈적인 이야기.

▶ **전래동화** : 옛날부터 입에서 입으로 전해져 내려오는 이야기. '흥부와 놀부' '콩쥐 팥쥐' 등

동화의 구성 요소

▶ **인물** : 이야기에 등장하는 사람

    중심인물과 주변 인물이 있는데, 중심인물은 사건을 이끌어 가는 주인공으로 그의 성격에 따라 사건의 전개 방향이 달라진다. 인물의 성격은 말과 행동, 생각을 통해 간접적으로 나타나기도 하고, 지은이가 직접 설명하기도 한다.

▶ **사건** : 인물의 행동

    인물의 말과 행동, 생각을 통해 성격이 간접적으로 드러나기도 하고, 지은이가 직접 설명해 주기도 한다.

▶ **배경** : 사건이 일어나는 때와 장소

동화의 짜임

▶ **발단** : 이야기가 시작되는 처음 부분. 배경과 인물에 대한 소개.

▶ **전개** : 이야기가 진행되면서 사건이 펼쳐지고 갈등이 나타남

▶ **위기** : 갈등이 고조되며 놀라움을 가져오는 계기가 마련됨

▶ **절정** : 손에 땀을 쥐게 할 정도로 갈등과 긴장이 최고조에 이르는 부분.

▶ **결말** : 사건이 해결되고 갈등이 해소되며 인물의 운명이 결정된다.

동화를 읽을 때에는 이렇게 하세요.

- 누가, 언제, 어디에서, 무엇을 하였는지 알아보며 읽는다.

- 사건이 일어난 차례에 따라 줄거리를 정리한다.
- 떠오르는 장면과 상황을 상상해 본다.
- 사건의 원인과 결과를 이해하며 읽고 앞으로 일어날 일을 미루어 짐작해 본다.
- 인물의 마음이 어떻게 변하는지 생각해 본다.
- 인물의 말이나 행동, 생각 등을 통해 나타난 인물의 성격을 살펴본다.
- 중심 인물과 주변 인물을 알아본다.
- 지은이가 전하려는 중심생각을 알아본다.
- 감동적인 부분이나 본받을 점이 무엇인지 생각해 본다.
- 인물의 행동이나 중심 생각에 대해 판단을 해본다. 자기나름대로의 의견을 정리한다.
- 글의 짜임을 파악해 본다.

동화의 중심 생각과 짜임 파악하기

　좋은 글은 통일성을 갖추고 있습니다. 통일성이란, 하나의 중심생각을 뒷받침하는 여러 내용들이 긴밀하게 연결되어 있는 글을 뜻합니다. 다른 글과는 달리 동화의 중심생각은 글의 짜임 속에 은밀하게 숨어 있는 경우가 많습니다.

　따라서 중심생각을 바르게 파악하기 위해서는 글의 짜임부터 파악해보아야 합니다. 짜임을 파악하는 방법은 다음과 같습니다.

> 실컷 울고 나서 댈러는 새삼스럽게 방을 둘러보았습니다. 방안의 모든 것이 보기 싫을 정도로 낡았고 형편없었습니다. 하긴 일주일에 8달러짜리 아파트이니 그럴 수 밖에요.
> 아래층에는 언제나 텅 비어 있는 우편함과 한 번도 울린 적이 없는 초인종이 매달려 있고, 그 옆에는 '제임스 딜링검 영'이라고 적힌 문패가 붙어 있었습니다. 사랑스러운 남편의 이름입니다. 하지만 문패에는 뽀얗게 먼지가 쌓여가고 있을 따름입니다. 남편이 일주일에 30달러를 벌어들일 때는 제법 그럴 듯해 보이는 문패였으나 지금은 아무래도 어울리지가 않았습니다. 일주일에 20달러를 벌어들일 뿐인 그들 부부에게는 격에 맞지 않는 멋진 문패였거든요.

▶ 문단이란?

많은 어린이들이 문단에 대해 잘 모르는 것 같습니다. 문단은 글을 읽고 이해하는데 필요한 가장 기본이 되는 수단이므로 바르게 알고 있어야 하겠습니다. 특히 여러분 같은 고학년 언니들은 오래지 않아 중학교에 진학하게 되므로 더더욱 열심히 문단에 대해 공부를 해야 합니다.

우선 옆의 글을 읽어보세요.

옆에 실린 글은 뒤에서 여러분이 읽을 동화의 한 장면입니다. 위의 글은 문단이 두 개입니다. 읽지도 않고 어떻게 아느냐고요? 모든 문단은 시작할 때 한 자만큼 비우잖아요.

이 글을 가만히 읽으면 첫째 문단과 둘째 문단의 내용이 많이 다르다는 것을 알 수 있습니다. 그렇지요? 앞의 문단은 댈러가 자신의 방을 바라보며 마음 아파하는 내용이고, 뒤의 문단은 문밖 우편함에 대한 묘사잖아요. 이렇게 문단은 여러 개의 문장이 모여 하나의 작은 주제를 표현하는 글의 단위랍니다.

그렇다면 글 한 편 속에는 얼마나 많은 문단이 들어있는 것일까요? 여기서 여러분은 한 가지 의문이 생길 것입니다. 학교에서 선생님이 글을 읽은 뒤에 문단나

누기를 해주실 때는 처음 - 가운데 - 끝, 세 부분으로 나누어 주시잖아요.

처음 - 가운데 - 끝 같은 큰 문단은 작은 문단들이 여럿 모여서 이루어진답니다.

우리 동네 슈퍼를 예로 들어 설명해 볼게요. 여러분이 좋아하는 아이스크림 냉장고 앞으로 가 보세요. 거기에 얼마나 다양한 아이스크림들이 있어요. 그 낱낱의 아이스크림들이 앞에서 이야기한 작은 문단이에요. 하지만 그것들은 아이스크림이라는 공통점이 있기 때문에 한 곳에 모여 있는 것이지요. 이렇게 아이스크림 전체를 더 큰 문단이라고 이해하면 될 거여요. 그뿐인가요? 얼마나 많은 과자들이 있어요. 과자 하나하나가 다 작은 문단이지만, 그것들은 더 큰 문단으로 묶일 수 있지요. 왜냐고요? 과자라는 공통점이 있으니까요.

보통 동화는 다섯 개의 커다란 문단으로 나누어서 글을 쓴답니다. 여러분은 글을 읽으면서 작은 문단 하나하나의 중심생각을 살펴봐야 해요. 그렇게 파악해가며 읽다보면 공통점을 가진 커다란 덩어리를 발견하게 되지요. 이렇게 해서 커다란 문단으로 동화 한 편을 나누어 놓고 보면, 글쓴이가 우리에게 전달하려는 중심 생각을 확실하게 알 수 있답니다.

좀더 정리해서 말씀드려 볼게요.

- **각 문단의 중심 내용을 파악한다.**

모든 문단은 하나의 중심내용을 갖습니다. 문단의 중심내용은 그 문단 속에 지은이가 나타내려는 작은 주제이지요.

- **파악한 각 문단의 중심내용을 살펴 관련 있는 것끼리 묶는다.**

작은 생각들은 더 큰 생각의 덩어리로 묶입니다. 이렇게 묶인 큰 생각의 덩어리들이 곧 발단, 전개, 위기, 절정, 결말과 같은 각 부분의 중심생각인 셈이지요.

- **파악한 짜임을 바탕으로 글 전체의 중심생각을 알아낸다.**

각 문단과 부분의 중심 내용을 파악한 뒤 가만히 살펴보면 보다 큰 중심생각으로 글의 모든 내용들이 집중되고 있음을 알 수 있을 겁니다.

제 1 편 지리산 포수의 아들
(한국전래동화)

지리산 포수의 아들

– 한국전래동화 –

옛날 어느 마을에 홀어머니와 어린 아들이 살고 있었습니다. 아들 이름은 장순이었습니다.

장순이는 서당에 다니고 있었는데 아이들이 자꾸만 놀려대는 통에 마음 고생이 심했습니다.

"애비도 없는 자식! 애비도 없는 자식!"

장순이는 이런 놀림을 받을 때마다 화가 났지만 꾹 참고 지냈습니다.

그런데 어느 날인가는 '애비 없는 자식'이라고 심하게 놀려대는 아이를 보자, 참을 수가 없었습니다. 장순이는 그 아이

를 마구 때려주었습니다. 그 모습을 본 훈장님이 앞뒤 얘기도 들어보지 않고 장순이만 야단치며 종아리를 때렸습니다.

장순이는 너무 서러워서 그만 엉엉 울며 집으로 왔습니다.

"엄마! 다른 아이들은 다 아버지가 있는데 난 왜 아버지가 없어요? 어째서 나만 애비 없는 자식이라고 놀림받고 구박받아야 되냔말예요!"

어머니는 가슴이 찢어지는 듯했습니다. 그래도 엄한 표정을 잃지 않으며 장순이를 타일렀습니다.

"왜 네 아버지가 없겠냐? 먼 데 가셔서 아직 안 돌아오셨다. 네가 공부 잘 하고 더 크면 돌아오실 거다."

하지만 장순이는 어린애가 아닙니다. 어머니의 말을 믿지 않았던 것이죠. 장순이는 홧김에 계속 떼를 썼습니다.

"거짓말하지 마세요. 아버지가 얼마나 먼 데 가셨기에 지금까지 한 번도 안 오고 소식 한 번 없어요? 난 더 이상 서당 아이들한테 욕이나 얻어 먹고 놀림받기 싫어요. 그러니까 이제부터 서당에 안 갈 거예요."

어머니는 그만 눈물을 흘리고 말았습니다.

"내가 바른 대로 이야기해 줄 테니 잘 들어라. 네 아버지는 기운도 세고 총도 아주 잘 쏘는 포수이셨다. 네가 아직 엄마 뱃속에 있을 때 지리산으로 호랑이를 잡으러 갔다가 그만 호랑이 밥이 되고 말았지. 지금까지 너한테 이런 말

을 안 한 것은 어린 네가 마음을 다칠까봐 숨기고 있었던 거다. 한 번 돌아가신 아버지를 생각한들 무슨 소용이 있겠냐? 그러니 남들이 뭐라고 해도 꾹 참고 공부 잘 해서 훌륭한 사람이 되어라."

이 말을 들은 장순이는 그 날부터 서당이고 공부고 다 집어치웠습니다. 오로지 지리산 호랑이를 잡아 죽여 아버지 원수를 갚을 생각만 했습니다.

"나이도 어린 것이 어떻게 그 사나운 호랑이를 잡는다고 그러냐. 행여 그런 생각일랑 하지 말아라."

어머니가 걱정이 되어 말렸지만 장순이는 들은 척도 하지 않고 대장간에 가서 총을 하나 만들어 왔습니다. 장순이는 그 날부터 총 쏘는 연습을 열심히 했습니다.

총을 아주 잘 쏘게 되자 장순이는 어머니한테 지리산으로 아버지 원수를 갚으러 가겠다고 말했습니다.

어머니는 그 소리를 듣고 깜짝 놀랐지요.

"애야, 너희 아버지는 내가 십 리 밖 샘물에서 물을 한 동이 이고오면, 총을 쏴서 물동이가 안 깨지게 총알 구멍을 뚫었다가, 또 한 방 쏴서 물동이가 안 깨지게 총알 구멍을 막는 재주가 있었다. 그런데도 호랑이 밥이 되었는데 네가 어쩌겠다는 거냐?"

어머니가 장순이를 말렸습니다. 그러나 장순이는 자신있게 말했습니다.

"나도 아버지처럼 해볼 테니 엄마가 십 리 밖 샘물에서 물동이를 이고 와 보세요."

하는 수 없이 어머니는 십 리 밖에서 물동이를 이고 왔습니다. 장순이는 총을 한 방 쏴서 물동이에 구멍을 내고, 또 한 방 쏴서 총알로 그 구멍을 막았습니다. 어머니는 장순이의 총 솜씨에 놀랐습니다.

"총 솜씨는 그만하면 됐다. 하지만 네 아버지는 앞마당에 바늘을 빈 틈 없이 꽂아 놓고, 옷을 모두 벗고 하늘 위에서 뛰고 뒹굴고해도 몸이 어찌나 날샌지, 몸에 바늘이 하나도 안 박히고 피도 한방울도 나지 않았다. 그렇게 날쌘 몸인데도 호랑이한테 잡아먹혔다."

어머니는 어떡해서든 장순이의 마음을 돌려 보려 했습니다. 장순이는 이번에도 자신감이 넘치는 얼굴르 말했어요.

"나도 그렇게 해볼게요."

장순이는 마당에다 바늘을 빽빽이 꽂아 놓고 옷을 벗고 바늘 위에서 뛰고 뒹굴고 했습니다. 장순이 몸에는 바늘 하나 찔리지 않고 피 한 방울 나지 않았습니다. 이것을 본 어머니는 더 이상 말릴 수가 없어서 허락을 했습니다.

"네 결심이 정 그렇다면 더 갈릴 수가 없구나. 가서 반드시 아버지 원수를 갚고 돌아오너라."

장순이는 짐을 꾸려 지리산으로 떠났습니다. 지리산은 갈수록 험해지고 날은 점점 어두워졌습니다. 사방을 둘러보아도 사람 사는 집은 하나도 보이지 않았습니다.

한참 가다 보니 멀리서 불빛이 반짝반짝 비쳤습니다. 불빛을 쫓아 가보니 거기에는 조그만 오막살이가 있었습니다. 집에는 머리가 하얀 노인이 혼자 살고 있었습니다.

장순이는 집 안으로 들어가 공손하게 말했습니다.

"저, 죄송합니다만 하룻밤만 묵어 가게 해 주십시오."

노인은 혼자서 적적했는지 장순이를 아주 반갑게 맞아 주었습니다.

"그러시오. 어서 들어오시오."

노인은 나가서 밥상을 차려왔습니다. 그 밥은 생전 보지 못한 이상한 밥이었습니다.

"제가 먹은 밥이 무슨 밥입니까?"

"그건 산삼으로 만든 밥이오."

장순이는 놀랐습니다. 그 귀한 산삼으로 밥을 해 주다니 이 노인은 보통 사람이 아닌 것 같았습니다.

장순이가 다시 물었습니다.

"어르신은 도대체 어떤 분이시기에 이 깊은 산 속에 혼자 사십니까?"

노인이 껄껄 웃었습니다.

"나는 사람이 아니라 이 산의 산신령이니라. 어린 네가 아버지의 원수를 갚겠다고 이 무서운 지리산에 들어오니, 그 효성이 참으로 갸륵하구나. 그래서 내가 너의 힘을 세게 해 주려고 이렇게 산삼밥을 해 놓고 기다리고 있었다."

장순이는 노인이 산신령임을 알자 얼른 일어나 절을 했습니다.

"아이고, 산신령님. 그맙습니다."

산신령이 계속 말했습니다.

"이 지리산은 옛날부터 포수는 있어도, 살아서 나가는 포수는 없는 무서운 산이란다. 그것은 이 산에 사는 수백 년 묵은 호랑이한테 모두 잡아먹혀서 그런 것이다. 이

호랑이들은 하도 오래 살아서 신통력이 생겼다. 그래서 사람으로 변하기도 하고 새로 변하기도 한단다. 그러니 까딱 잘못하면 호랑이한테 홀려서 잡아먹히고마느니라. 네가 그런 호랑이를 잡아 죽이려면 내 말을 잘 새겨 들어야 한다."

장순이는 머리를 조아리고 말했습니다.

"산신령님, 고맙습니다. 정말 고맙습니다. 부디 제가 호랑이를 잡을 수 있게 도와주세요."

"우선 잠을 푹 자거라."

이튿날 아침이 되었습니다.

산신령은 방문을 열고 마당에 서 있는 감나무를 가리켰습니다.

"저 나뭇가지마다 앉아 있는 까마귀를 한 방에 쏴서 다 떨어뜨려보아라."

장순이는 곧 총에 총알을 재 가지고 한 방을 쐈습니다. 그러자 까마귀 수십 마리가 맞아서 우수수 떨어졌는데, 그게 다 까마귀가 아니라 호랑이였습니다. 호랑이가 까마귀로 둔갑해 있었던 것입니다.

장순이가 너무 놀라 우두커니 서 있자 산신령이 껄껄 웃었습니다.

"네 총 솜씨가 참으로 훌륭하구나. 네 아버지는 겨우 한 방에 세 마리밖에 못 떨어뜨렸는데, 너는 수십 마리를 잡았으니 호랑이를 만나도 염려 없겠구나."

장순이는 아침에도 산삼밥을 먹었습니다. 힘을 내서 길을 떠나려 하자 산신령이 말했습니다.

"여기서 더 깊이 들어가면 사람은 하나도 없고 호랑이만 산다. 그 호랑이란 놈들

이 워낙 둔갑을 잘 해 중으로 변했다가, 농부로 변했다가, 여자로 변했다가 하니 행여 홀리지 말고 보이는 것은 모두 쏴 잡아라. 그리고 더 깊이 들어가면 다리 하나가 없는 늙은 호랑이가 한 마리 있을 것이다. 그 호랑이는 쏘아 죽이지 말고 살려 두면 나중에 쓸 데가 있을 것이다."

산 속에서 겪게 될 일을 모두 일일이 말해 주신 것입니다.

장순이는 산신령에게 고맙다는 절을 수백 번 하고 산 속으로 들어갔습니다.

산은 갈수록 험해졌습니다. 나무가 우거져서 어두운데다 길도 없고 짐승 소리만 들렸습니다. 장순이는 무서웠지간 그래도 자꾸 산속으로 들어갔습니다.

한참을 들어가자 늙은 중 둘이 큰 바위 위에 앉아 바둑을 두고 있었습니다. 장순이는 가만히 살펴보았습니다. 아무리 봐도 행동하는 게 중이 틀림없었습니다. 그냥 지나가려고 하다 산신령이 일러준 말이 생각났습니다.

'저것들도 호랑이가 둔갑한 것이 틀림없어.'

장순이는 총을 한 방 쏘았습니다.

"아유, 간지러워. 웬 벌레가 무냐?"

중들은 총을 맞아도 죽지 않고 되려 총맞은 자리를 긁으며 장순이를 노려보았습니다. 장순이는 겁이 덜컥 났습니다.

"이거 큰일났구나."

멈칫거리던 장순이는 다시 용기를 내서 총을 연거푸 몇 방 쏘아댔습니다.

그때서야 중들은 큰 소리를 지르며 날뛰더니 죽어 넘어졌습니다. 죽은 걸 보니 과연 몇 백 년 묵은 호랑이였습니다.

장순이는 다시 산 속으로 들어갔습니다.

저 앞에서 농부 열댓 명이 지게를 지고 장순이 쪽으로 오고 있었습니다.

그 가운데 하나가 장순이를 보더니 총을 빼앗으려고 했습니다.

"야, 꼬마야. 그 총 좀 줘 봐."

장순이는 뒤로 물러서며 얼른 총을 겨누어서 몇 방 연달아 탕탕 쏘아댔습니다.

총을 맞은 농부들은 모두 죽었는데 이들도 역시 호랑이가 둔갑한 것이었습니다.

산 속으로 더 깊이 들어가자 처녀들이 나물을 캐고 있었습니다.

'이것들도 호랑이가 둔갑한 것이 틀림없어.'

장순이가 마음 속으로 생각하고는 총을 몇 방 쏘자 모두 호랑이가 돼서 죽었습니다.

이렇게 호랑이를 죽이며 산속으로 가는 도중에 날이 저물었습니다. 장순이는 어디 잘만한 데가 없는지 살펴보았습니다. 저 앞에 집이 하나 보였습니다. 장순이가 집 주인을 불렀더니 대답이 없고 집안은 조용했습니다.

한참 있으니까 웬 예쁜 처녀가 문을 열고 나왔습니다.

"날이 저물어서 그러니 하룻밤만 재워 주십시오."

장순이의 말에 처녀가 생긋 웃으며 말했어요.

"그러세요? 마침 잘 됐네요. 이 집에는 저말고는 아무도 없어요. 그러니 어서 들어오세요."

뒤를 따라 들어가던 장순이는 이상한 생각이 들었습니다.

'이 깊은 산속에 여자가 혼자 살고 있다니 이상한 일이 아닌가?'

장순이는 처녀의 뒷모습을 자세히 살폈습니다. 그러자 치마 속에 슬쩍 감추어진 꼬리가 눈에 띄었습니다.

'아이쿠, 이놈도 호랑이구나. 큰일 날 뻔했다.'

장순이는 재빨리 총을 겨누었습니다.

"탕!"

처녀는 금세 호랑이로 변하는 것이었어요.

"어흥!"

벼락 같은 소리를 내며 호랑이가 큰 입을 벌려 장순이를 덮쳤습니다. 장순이는 눈 앞이 캄캄하고 온 몸일 떨렸습니다. 겨우 정신을 가다듬어 총 끝을 호랑이에게 들이밀자 호랑이는 총을 입으로 물었습니다. 장순이는 재빨리 방아쇠를 당겼습니다. 총알은 호랑이의 목구멍을 지나 뱃속까지 뚫고 들어갔습니다.

호랑이는 그 자리에 쓰러져 죽었지요.

몹시 지친 장순이는 그 집에서 밤을 보냈습니다. 이튿날 다시 산속으로 들어가자 다리가 하나 없는 늙은 호랑이가 장순이 앞에 나타나 엎드렸습니다.

"이제 지리산에는 호랑이가 저 하나밖에 없습니다. 제발 살려 주십시오. 살려만 주신다면 그 은혜를 꼭 갚겠습니다."

장순이는 산신령이 일러 준 말을 떠올리며 호랑이에게 말했습니다.

"그래, 너를 살려주마. 그 대신 우리 아버지를 죽인 호랑이가 어디있는지 가르쳐 주어야 한다."

호랑이가 고개를 떨구고 말했어요.

"그 호랑이는 당신이 벌써 쏘아 죽였습니다."

"내가 어디서 죽였단 말이냐?"

"예. 당신이 어젯밤에 주무시던 집에서 죽었습니다. 예쁜 각시로 둔갑해 있던 호랑이가 바로 그 호랑이입니다."

장순이는 늙은 호랑이와 함께 그 집으로 다시 왔습니다. 집 안을 샅샅이 뒤지자 한 곳에 사람의 뼈가 산더미처럼 쌓여 있었습니다.

이 뼈들 속에 아버지의 뼈도 있을 것이라고 생각한 장순이는 무릎을 꿇고 엉엉 울었습니다.

"아버지! 아버지! 여기 아들이 왔습니다. 아버지 원수를 갚았습니다. 아버지 뼈라도 혹시 여기 있다면 대답해 주세요."

"띠잉!"

하는 소리를 내는 뼈가 있었습니다. 장순이는 그 뼈를 고이 들고 나왔습니다.
"띠잉!"
또 소리가 났습니다. 그곳에 가 보니 총 한 자루가 놓여 있었습니다.
'이 총이 아버지 총인가 보다.'
장순이는 총을 챙겨서 그 집을 나왔습니다.

아버지의 뼈와 총을 찾은 장순이는 이제 집으로 돌아가려 했습니다. 늙은 호랑이는 자기 등에 타라고 하더니 눈 깜짝 할 새에 집까지 데려다 주었습니다.
"고맙구나. 앞으로는 나쁜 짓 하지 말아라."
장순이가 타이르는 사이에 호랑이는 어느 새 사람으로 둔갑하였습니다.

"이제부터 당신을 형님으로 모시고 살겠습니다. 여기서 같이 살게해 주십시오."

장순이는 잠시 생각하다가 그렇게 하라고 허락하고 집 안으로 들어갔습니다.

"어머니, 제가 돌아왔습니다."

아들을 지리산으로 보내고 걱정으로 지내던 어머니는 아들 목소리를 듣자 뛰어나와 부둥켜안고 반가워하며 울었습니다.

장순이는 지리산에 들어가 산신령을 만나고 호랑이를 잡아 원수 갚은 이야기를 했습니다.

장순이는 총을 내놓으며 물었습니다.

"이 총이 아버지 총이 맞아요?"

어머니는 총을 보더니 금세 눈물을 뚝뚝 떨구었습니다.

"맞다. 아버지 총이 틀림없구나."

장순이는 아버지 뼈를 좋은 데다 묻고, 어머니와 다리 하나 없는 호랑이 아우와 살았습니다.

하루는 호랑이 아우가 말했습니다.

"내가 나가서 예쁜 각시 한 명을 데리고 올 테니 형님 장가 드시우."

호랑이는 어디론가 휭하니 나갔습니다. 한참 있자 호랑이 아우는 예쁜 각시 하나를 업고 돌아왔습니다. 이 처녀는 호랑이한테 업혀 와서 그만 놀라 정신을 잃었습니다. 장순이와 어머니가 처녀를 정성껏 간호하자 처녀는 다시 정신을 차렸습니다. 둘은 날을 잡아 혼례를 치르고 같이 살게 되었습니다.

이렇게 일 년이 지났습니다.

"형님. 내일은 형수님을 업어온 지 일 년이 되는 날입니다. 그러니 형수님을 데리고 처갓집에 가서 장인, 장모를 만나 보세요. 떡이랑 술이랑 한 보따리 가지고…"

"아니 처갓집이 어딘 줄 알아야 찾아가 뵙지."

"제가 모셔다 드릴 테니 걱정 말고 가실 준비나 하세요."

다음 날, 호랑이는 갈로 변해서 장순이 부부를 태우고 쏜살같이 달렸습니다. 수백 리 되는 먼 곳까지 순식간에 왔습니다. 그 동네에 와서는 제일 큰 집으로 들어갔습니다.

그 집 사람들은 호랑이한테 물려가 죽은 딸이 살아 돌아왔다고 무척이나 기뻐했습니다. 그리고는 제사 지내려고 차려 놓은 상을 잔칫상으로 바꾼다면서 한바탕 법석을 떨었습니다.

딸은 호랑이한테 물려간 뒤 장순이가 살려 줬다고 말했습니다. 그 뒤로 장순이와 혼례를 치러 부부가 돼 살고 있다고 부모에게 소개했습니다. 그 집 부모들은 사위가 왔다고 반갑게 맞아 주었습니다.

처갓집에서 며칠을 보낸 장순이는 집으로 돌아가겠다고 장인에게 말했습니다. 장인은 논과 밭을 많이 떼어 주고, 여러 가지 보물과 돈도 많이 주었습니다.

장순이는 이제 처갓집 덕분에 부자로 잘 살게 되었습니다.

하루는 호랑이 아우가 불쑥 말을 꺼냈습니다.

"형님, 나는 그 동안 형님한테 할 도리를 다 했으니 산으로 돌아가겠습니다. 오랫동안 같이 살아서 정은 들었지만 나는 본시 산짐승이라 인간 세상에서는 더 살 수가 없습니다. 이제 가면 다시 볼 수 없으니 영영 이별이 될 겁니다. 행복하게 오래오래 잘 사세요."

장순이는 그 동안 호랑이 아우와 정이 들 대로 들었으므로 딱 잘라 말했습니다.

"그게 무슨 소리야? 섭섭해서 안 된다. 못 간다."

하지만 호랑이는 사람의 탈을 벗고 다리 하나 없는 호랑이로 변해 번개같이 가 버렸습니다.

다음 문제들을 풀어나가면서 동화의 전체적인 내용을 파악해 보기로 하겠습니다.

1 서당 친구들이 장순이를 놀려댄 까닭은 무엇입니까?
① 촌스러운 이름 때문에
② 힘만 믿고 다른 아이들을 업신여겼기 때문에
③ 아버지 없이 홀어머니와 살고 있었기 때문에
④ 공부도 지지리 못하는 데다 고집까지 센 아이였기 때문에

2 어느 날, 한 친구에게 '애비 없는 자식'이라고 놀림을 받게 된 장순이는 그날따라 도저히 참을 수가 없었습니다. 그래서 그 아이를 때려주었지요. 그 모습을 본 훈장님은 어떻게 했나요?
① 아이들이 그 동안 장순이를 심하게 놀린 것을 잘 알기 때문에 실컷 때려 주도록 내버려 두었다.
② 앞뒤 얘기도 들어보지 않고 장순이만 야단치며 종아리를 때렸다.
③ 왜 싸우게 되었는지를 물은 후 놀린 아이나 때린 장순이나 똑같이 잘못했다고 일러주며 종아리를 때렸다.
④ 장순이의 억울한 사정을 알고 그 동안 놀린 아이들을 모두 불러 혼을 내 주었다.

이 책에서 여러분은 글을 읽고 난 뒤에 전체적인 내용을 정확하게 파악하는 연습과 줄거리 요약, 글의 주제나 등장인물들에 대해 자기의 생각을 논리적으로 이야기하는 연습을 하게 될 것입니다. 이와 함께 독서감상문 쓰기의 모든 것을 학습하게 되지요.

내용파악

이 장에서는 방금 읽은 동화를 바탕으로 본격적인 학습에 앞서 워밍업을 해 보기로 하겠습니다. 쉽고 재미있는 전래동화였던 만큼 별 어려움 없이 워밍업을 해볼 수 있으리라고 생각합니다.

3 너무 억울하여 울면서 집으로 돌아간 장순이가 어머니에게 한 말은 무엇인가요?

① 내일부터 다른 서당에 보내주지 않으면 공부고 뭐고 다 때려치우겠다고 소리쳤다.
② 친구들과 훈장님이 자꾸 구박을 하니 어머니가 가서 대신 좀 따져달라고 떼를 썼다.
③ 아무리 생각해도 자신은 공부에 취미가 없는 것 같으니 서당에 가는 대신 내일부터는 사냥꾼이 되어야겠다고 했다.
④ 다른 아이들은 다 아버지가 있는데 왜 자기만 애비 없는 자식이 되어 놀림받고 구박받아야 하냐고 소리쳤다.

4 어머니는 슬퍼하는 장순이에게 아버지가 어떻게 해서 돌아가신 일에 대해 설명해 줍니다. 다음 중 맞는 것을 골라 보세요.

① 아버지의 직업: 사냥꾼
　아버지는 어디서 왜 죽었나: 백두산에서 호랑이를 잡다가
　장순이에게 숨긴 이유: 어린 장순이가 마음을 다칠까봐
　어머니가 바라는 것: 아버지처럼 훌륭한 사냥꾼이 되어 호랑이에 원수를 갚아주는 것
② 아버지의 직업: 사냥꾼
　아버지는 어디서 왜 죽었나: 지리산에 호랑이를 잡으러 갔다가
　장순이에게 숨긴 이유: 어린 장순이가 마음을 다칠까봐.
　어머니가 바라는 것: 공부 열심히 하여 훌륭한 사람이 되는 것
③ 아버지의 직업: 상인
　아버지는 어디서 왜 죽었나: 장사를 하기 위해 산을 넘다가 호랑이에게
　장순이에게 숨긴 이유: 어린 장순이가 마음을 다칠까봐.
　어머니가 바라는 것: 아버지처럼 훌륭한 장사꾼이 되어 돈을 많이 버는 것.

④ 아버지의 직업 : 사냥꾼
아버지는 어디서 왜 죽었나 : 지리산에서 호랑이를 잡다가
장순이에게 숨긴 이유 : 어린 장순이가 마음을 다칠까봐
어머니가 바라는 것 : 아버지처럼 훌륭한 사냥꾼이 되어 호랑이에게 원수를 갚아주는 것

5 아버지가 돌아가신 사연을 듣게 된 장순이는 그 후 어떻게 했나요?

① 어머니가 바라시는 대로 훌륭한 사람이 되기 위해 친구들이 아무리 놀려도 꾹 참으며 공부를 열심히 했다.
② 자신이 애비 없는 자식이라는 것을 확실히 깨닫고 좌절하여 만사에 의욕을 잃고 말았다.
③ 용맹한 사냥꾼의 아들답게 용감한 아이가 되어 더 이상 친구들에게 놀림을 받지 않았고, 서당 생활도 열심히 했다.
④ 서당이고 공부고 다 때려치우고는 아버지의 원수 갚을 생각만 했다.

6 지리산으로 아버지의 원수를 갚으러 가겠다는 장순이의 말에 어머니는 깜짝 놀라고 맙니다. 어머니는 아들의 마음을 돌리기 위해 아버지가 얼마나 놀라운 재주를 가지고 있었는지 말해주지요. 설명이 바른 것을 골라 보세요.

① 총알 하나로 수십 마리의 참새를 잡았으며 얼마나 날쌘지 바늘 위를 평지 걷듯 했다.
② 십리 밖에 있는 항아리를 맞출 정도로 명포수였고, 힘 또한 장사였다.
③ 웬만한 호랑이들은 겁을 먹고 도망칠 정도로 날래고 용감한 포수였다.
④ 총으로 물동이를 쏘아 물이 새지않게 구멍을 뚫었다가, 다시 총알로 막는 재주가 있었으며, 마당에 빈틈없이 꽂힌 바늘 위에서 마구 뒹굴어도 상처가 나지 않을 정도로 몸이 날랬다.

7 장순이는 아버지와 똑같이 물동이에서 물이 새지 않게 총을 쏘았고, 바늘 위에서도 마음대로 뒹굴었지요. 장순이의 놀라운 재주를 본 어머니는 어떻게 했나요?

① 부디 아버지의 원수를 갚으라고 용기를 북돋아 주며 지리산으로 보내 주었다.
② 아무리 재주가 뛰어나도 죽을 것이 뻔하기 때문에 보내 줄 수 없다고 했다.
③ 장순이의 나이가 너무 어리니 5년만 더 몸을 단련한 후에 떠나라고 했다.
④ 무술을 잘 하는 스승님 밑으로 장순이를 보내 더 강한 사냥꾼이 되도록 해주었다.

8 지리산으로 들어간 장순이는 날이 어두워지자 산 속 외딴 집으로 갔습니다. 다음은 그 외딴집에서 만난 사람에 대한 설명입니다. 맞는 것을 고르세요.

① 손주와 함께 사는 노인 — 고기를 구워 줌 — 사냥꾼
② 혼자 사는 노인 — 잡곡밥을 해 줌 — 약초 캐는 늙은이
③ 혼자 사는 노인 — 산삼으로 밥을 해줌 — 산신령
④ 혼자 사는 노인 — 산삼으로 밥을 해줌 — 사냥꾼

9 산신령은 장순이의 힘이 세어지게 해주려고 산삼밥을 해준 것입니다. 이처럼 산신령이 장순이를 도운 까닭은 무엇인가요?

① 지리산 호랑이들이 사람처럼 둔갑을 하여 많은 피해를 입히기 때문에
② 지리산 호랑이의 수가 너무 많아 생태계가 파괴될 위기에 처했기 때문에
③ 장순이의 갸륵한 효성이 감동하였기 때문에
④ 호랑이가 산신령의 명을 지키지 않았기 때문에

10 다음 날, 산 속 깊은 곳으로 들어간 장순이는 산신령이 일러준 대로 사람으로 둔갑한 호랑이들을 몽땅 죽입니다. 하지만 산신령의 말대로 딱 한 마리만 살려주지요. 어떤 호랑이였나요?

① 온 몸이 하얀 털르 뒤덮인 호랑이
② 산 중 호랑이의 왕
③ 귀여운 아기 호랑이
④ 다리가 하나 없는 늙은 호랑이

11 결국 아버지의 원수를 갚고, 어머니의 품으로 돌아온 장순이는 늙은 호랑이의 도움으로 장가까지 가게 됩니다. 늙은 호랑이는 어떤 방법으로 장순이를 장가보내 주었나요?

이 동화를 여섯 개의 그림으로 파악해 보면 다음과 같이 됩니다. 그림을 잘 살펴보고, 그 내용을 간단하게 설명하여 줄거리를 요약해 보세요.

줄거리 요약하는 방법은 다음 장에서 자세하게 배우게 될 겁니다. 여기서는 한 편의 동화를 여러 장면의 그림으로 파악하여 요약하는 방법에 대해 간단히 알아보기로 하겠습니다.

줄거리 요약하기

줄거리는 주인공이 한 일입니다. 이 동화의 주인공은 장순이지요. 장순이가 어떤 일을 계기로 산에 들어가 아버지의 원수를 갚게 되는지 중요한 장면들을 머리 속에 그려보면 되는 거지요.

▶ 수고하셨습니다.

이제 아래에 정리된 이 동화의 줄거리를 보면서 여러분이 요약한 내용과 비교해 보세요.

〈지리산 포수의 아들 — 줄거리〉

사냥꾼인 아버지가 지리산 호랑이에게 희생된 뒤, 홀어머니와 함께 살아가던 장순이는 '애비 없는 자식'이라는 친구들의 놀림에 마음이 상하고 만다.

울면서 서당에서 돌아와 어머니에게 투정을 부리던 장순이는 아버지가 돌아가시게 된 까닭을 알고 사냥꾼이 되어 아버지의 원수를 갚고자 한다.

사냥꾼이 되기 위한 오랜 수련 끝에 어머니의 허락을 얻은 장순이는 지리산에서 만난 산신령의 도움으로 마침내 호랑이들을 전부 죽이고 아버지의 총을 되찾는다.

산에서 만난, 다리 하나 없는 늙은 호랑이와 함께 집으로 돌아온 장순이는 호랑이의 도움으로 장가까지 들어 행복하게 살아간다.

지혜 쌓기

어른의 말, 책에 실린 글을 모두 옳다고 생각하는 어린이들이 많을 겁니다. 무작정 남의 말을 듣고 모두 옳다고 생각하는 것은 어리석은 짓이랍니다. 자기 나름대로 옳고 그름을 판단할 수 있는 눈, 남들이 다 옳다고 해도, 깊이 생각하여 나만의 결론을 이끌어 낼 수 있는 힘. 이런 힘을 길러내야만 자기의 인생을 독창적이고, 창조적으로 살아갈 수 있게 된답니다. 지금부터 여러분의 생각을 넓고 깊게 만들어가 보기로 해요.

지혜쌓기 1.

 장순이는 아버지의 원수를 갚기 위해 총 쏘는 법을 배우고, 체력을 단련합니다. 이 동화를 가만히 살펴보면 호랑이들이 장순이의 아버지를 부당하게 잡아먹은 것으로 표현되어 있는데요. 이에 대해 한 번쯤 생각해 볼 필요가 있을 듯합니다.
 장순이의 아버지는 포수입니다. 즉, 동물들을 잡아 고기와 가죽을 팔아 먹고 사는 사람이지요. 호랑이들의 입장에서 생각해본다면 장순이의 아버지가 몹시 두려웠을 겁니다.
 여러분, 호랑이가 장순이의 아버지를 잡아먹은 것은 총에 맞아 죽지 않기 위해 어쩔 수 없이 한 행동이 아닐까요? 동물들이 사람처럼 이성을 가진 존재가 아니고 보면 호랑이들을 원수취급하는 장순이의 생각에 문제가 참 많다고 생각합니다. 여러분의 생각은 어떤가요?
 위의 예에서 알 수 있듯이 사람들 사이에서도 제각기 자기 입장에서만 문제를 생각하여 종종 오해가 일어나기도 합니다.
 어떤 것에 대해 판단할 때는 좀더 폭넓게, 다른 사람들의 입장이 되어 깊이 생각해 볼 수 있는 여유가 필요한 듯 합니다.

지혜쌓기 2.

    산에서 만난 산신령은 장순이에게 사람으로 둔갑한 호랑이들을 전부 죽여 버리라고 이야기합니다. 요즘은 야생 동물을 보호하자는 목소리가 곳곳에서 터져나오고 있는데, 그땐 왜 그랬던 것일까요?

    한 마디로 그땐 호랑이가 너무 흔했습니다. 호랑이가 많다 보니 사람들의 피해도 적지 않았겠지요. 그래서 호랑이라면 눈에 띄는 대로 죽여야 한다고 생각했는지도 모르겠습니다.

    아주 오래 전부터 호랑이에 대해 이런 생각을 가지고 있었던 탓일까요? 요즈음엔 우리나라의 산에서 호랑이는 물론이고 곰이나 늑대조차 찾아볼 수가 없습니다. 이젠 보호해 주고 싶어도 보호해 줄 수 없는 상상 속의 동물이 되어 버린 것입니다.

    이처럼 사람들의 생각은 시대나 환경에 따라 제각각입니다. 여러분의 주변을 잘 살펴보세요. 지금은 너무 흔해서 귀찮을 정도인 동물이나 식물들이 백년이나 이 백년이 흐른 미래 세계에서는 아주 귀한 것이 되어 버릴 수도 있을 테니까요.

    사람들은 착각을 참 잘하는 것 같아요. 우리가 살고 있는 지구가 인간들만의 것인가요? 온갖 종류의 풀과 동물들… 그 모두의 터전이지요. 그들과 사이좋게 더불어 사는 지혜를 길렀으면 좋겠습니다.

지혜쌓기 3.

이 동화 속에 나오는 '다리 하나 없는 늙은 호랑이'에 대해 여러분은 어떻게 생각하세요?

장순이는 제 동족을 전부 죽인 원수 같은 존재입니다. 그런데도 호랑이는 장순이에게 목숨을 구걸했고, 장순이를 위해 많은 일을 했지요. 호랑이에 대한 여러분의 의견이 담긴 편지를 간단하게 써보세요.

호랑이에게

제 2 편 황소와 도깨비
(이상)

황소와 도깨비

-이 상-

어떤 산골에 돌쇠라는 나무 장수가 살고 있었습니다. 나이 삼십이 넘도록 장가도 안 가고 또 부모도 일가 친척도 없는 혈혈 단신이라 먹을 것이 있는 동안은 빈둥빈둥 놀고 그러다가 정 궁하면 나무를 팔러 나갑니다.

어디서 해오는지 아름드리 장작이나 솔나무를 황소 등에다 듬뿍 싣고 장터나 읍으로 팔러 갑니다. 아침 일찍이 해도 뜨기 전에 방울 달린 소를 끌고 이려이려……. 딸랑딸랑……. 이려이려……, 이렇게 몇 십리씩 되는 장터로, 읍으로 팔릴 때까지 끌고 다니다가 해 저물 녘이라야 겨우 다시 집으로 돌아옵니다.

그 방울 단 황소가 또 돌쇠의 큰 자랑거리였습니다. 돌쇠에게는 그 황소가 무엇보다도 소중한 재산이었습니다. 자기 앞으로 있던 몇 마지기 토지를 팔아서 돌쇠는 그 황소를 산 것입니다. 그 황소는 아직 나이는 어렸으나 키가 훨씬 크고 골격도 튼튼하고 또 유난스럽게 고왔습니다. 긴 꼬리를 좌우로 흔들며 나뭇짐을 잔뜩 지고 텁석텁석 걸어가는 모양은 보기에도 참 훌륭했습니다. 그 동리에서 으뜸 가는 이 황소를 돌쇠는 퍽 귀애하고 위했습니다.

어느 해 겨울 맑게 갠 날, 돌쇠는 전과 같이 장작을 한 바리 잔뜩 싣고 읍을 향해서 길을 떠났습니다. 읍에 도착한 것이 오정때쯤이었습니다. 그 날은 운수가 좋았던지 살 사람이 얼른 나서서 돌쇠는 그리 애쓰지 않고 장작을 팔 수 있었습니다. 돌쇠는 마음이 대단히 흡족해서 자기는 맛 있는 점심을 사 먹고 소에게도 배불리 죽을 먹였습니다. 그러고 나서 잠깐 쉬고 그 날은 일찍 돌아올 작정이었습니다.

얼마쯤, 돌아오려니까 별안간 하늘이 흐리기 시작하고 북풍이 내리불더니 히뜩히뜩 진눈깨비까지 뿌리기 시작합니다. 돌쇠는 소중한 황소가 눈을 맞을까 겁이 나서 길가에 있는 주막에 들어가서 두어 시간 쉬었습니다. 그랬더니 다행히 눈은 얼마 아니 오고 그치고 말았습니다

아직 저물지는 않았으므로 돌쇠는 황소를 끌고 급히 길을 떠났습니다. 빨리 가면 어둡기 전에 집에 돌아갈 수 있을 것 같았기 때문입니다. 그러나 짧은 겨울 해는 반도 못 와서 어느덧 저물기 시작했습니다. 날이 흐렸기 때문에 더 일찍 어두웠는지도 모릅니다.

"야단났구나."

하고 돌쇠는 야속한 하늘을 쳐다보며 혼자 중얼거리고 가만히 소 등을 쓰다듬었

습니다.

"날은 춥구 길은 어둡구 그렇지만 할 수 있나. 자 어서 가자."

돌쇠가 혼잣말같이 중얼거리는 말을 소도 알아들었는지 딸랑딸랑 뚜벅뚜벅 걸음을 빨리합니다.

이렇게 얼마를 오다가 어느 산허리를 돌아서려니까 별안간 길옆 숲 속에서 고양이만한 새까만 놈이 깡충 뛰어나오며 눈 위에 엎드려 무릎을 꿇고 자꾸 절을 합니다.

"돌쇠 아저씨 제발 살려주십시오."

처음에는 깜짝 놀란 돌쇠도 이렇게 말을 붙이므로 발을 멈추고 자세히 바라보니까 사람인지 원숭인지 분간할 수 없는 얼굴에, 몸에 비해서는 좀 기름한 팔 다리, 살결은 까뭇까뭇하고 귀가 우뚝 솟고 작은 꼬리까지 달려서 원숭이 같기도 하고 또 어떻게 보면 개 같기도 했습니다.

"얘 요게 뭐냐."

돌쇠는 약간 놀라면서 소리쳤습니다.

"대체 너는 누구냐?"

"제 이름은 산오뚝이예요."

"뭐? 산오뚝이?"

그때 돌쇠는 얼른 어떤 책 속에서 본 그림을 하나 생각해 냈습니다. 그 책 속에는 얼굴은 사람과 원숭이의 중간이요 꼬리가 달리고 팔다리가 길고 귀가 오뚝 일어선 것을 그려 놓고 그 옆에 도깨비라고 쓰여 있었던 것입니다.

"거짓말 말아 요놈아."

하고 돌쇠는 소리를 버럭 질렀습니다.

"너 요놈 도깨비 새끼지?"

"네, 정말은 그렇습니다. 그렇지만 산오뚝이라구도 합니다."

"하하하하. 역시 도깨비 새끼였구나."

돌쇠는 껄껄 웃으면서 허리를 굽히고 물었습니다.

"그래 대체 도깨비가 초저녁에 왜 나왔으며 또 살려달라는 건 무슨 소리냐?"

도깨비 새끼의 이야기는 이러했습니다.

지금부터 한 일 주일 전에 날이 따뜻하길래 도깨비 새끼들은 5,6마리가 떼를 지어 인가 근처로 놀러 나왔더랍니다. 하루 온종일 재미있게 놀고 막 돌아가려 할 때에 마침 동리의 사냥개한테 붙들려 꼬리를 물리고 말았습니다. 겨우 돌은 빠져 나왔으나 개한테 물린 꼬리가 반 동강으로 툭 잘려졌기 때문에 여러 가지 재주를 못 피우게 되고 말았습니다. 그뿐 아니라 동무들도 다 잃어버리고 혼자 떨어져서 할 수 없이 지금껏 그 산허리 숲 속에 숨어 있었던 것입니다.

도깨비에겐 꼬리가 다주 소중한 물건입니다. 꼬리가 없으면 첫째, 재주를 피울

수 없으므로 먼 산 속에 있는 집에도 갈 수 없고, 배가 고파서 먹을 것을 찾으러 나가려니 사냥개가 무섭습니다. 날이 추우면 꼬리의 상처가 쑤시고 아프고, 그래서 꼼짝 못 하고 일주일 동안이나 숲 속에 갇혀 있다가 마침 돌쇠가 지나가는 것을 보고 살려 달라고 뛰어나온 것입니다.

"제발 이번만 살려 주십시오. 은혜는 평생 잊지 않겠습니다."

이야기를 마치고 나서 도깨비 새끼는 머리를 땅속에 틀어박고 두 손으로 싹싹 빕니다.

이야기를 듣고 자세히 보니까 과연 살이 바싹 빠지고 꼬리에는 아직도 상처가 생생하고 추위를 견디지 못해서 온몸을 바들바들 떨고 있습니다. 돌쇠는 그 정경을 보고 아무리 도깨비 새끼라도…… 하는 측은한 생각이 나서

"살려 주기야 어렵지 않다마는 대체 어떻게 해달라는 말이냐?"

하고 물었습니다.

"돌쇠 아저씨의 황소는 참 훌륭한 소입니다. 그 황소 뱃속을 두 달 동안만 저에게 빌려 주십시오. 더두 싫습니다.

꼭 두 달입니다. 두 달만 지나면 날도 따뜻해지고 또 상처도 나을 테고 하니까 그 때는 제 맘대로 돌아다닐 수 있습니다. 그 동안만 이 황소 뱃속에서 살도록 해 주십시오. 절대로 거짓말 아닙니다. 거짓말을 해서 아저씨를 속이기는커녕 제가 소 뱃속에 들어가 있는 동안은 이 소를 지금보다 열 갑절이나 기운이 세게 해 드리겠습

니다. 그러니 제발 한 번만 살려 주십시오."

이 말을 듣고 돌쇠는 말문이 막히고 말았습니다. 귀엽고 소중한 황소 뱃속에다 도깨비 새끼를 넣고 다닐 수는 없는 일입니다. 그렇다고 그것을 거절하면 도깨비 새끼는 필경 얼어 죽거나 굶어 죽고 말 것입니다. 아무리 도깨비라도 그렇게 되는 것을 그대로 둘 수도 없고 또 소의 힘을 지금보다 열 배나 강하게 해 준다니 그리 해로운 일은 아닙니다.

생각다 못해서 돌쇠는 소의 등을 두드리며

"어떻게 하면 좋겠니?"

하고 물어 보니까 소는 그 말귀를 알아들었는지 고개를 끄덕끄덕합니다.

"그럼 너 하고 싶은 대로 해라. 그렇지만 꼭 두 달 동안만이다."

돌쇠는 도깨비 새끼를 보고 이렇게 다짐했습니다.

도깨비 새끼는 좋아라고 펄펄 뛰면서 백 번 치사하고 깡충 뛰어서 황소 뱃속으로 들어가고 말았습니다.

돌쇠는 껄껄 웃고 다시 소를 몰기 시작했습니다. 그랬더니 참 놀라운 일입니다. 아까보다 열 배나 소는 걸음이 빨라져서 도저히 따라갈 수가 없었습니다. 할 수 없이 소 등에 올라탔더니 소는 연방 딸랑딸랑 방울 소리를 내며 순식간에 마을까지 뛰어 돌아왔습니다.

과연 도깨비 새끼가 말한 대로 돌쇠의 황소는 전보다 열 배나 힘이 세어졌던 것입니다. 그 이튿날부터는 장작을 산더미같이 실은 달구지라도 끄는지 마는지 줄곧 종달음질을 쳐서 내뺍니다. 그전에는 하루 종일 걸리는 장터를 이튿날부터는 아무리 장작을 많이 실었어도 하루 세 번씩을 왕래했습니다.

돌쇠는 걸어서는 도저히 따라갈 수가 없어서 새로 달구지를 하나 사서 밤낮 그 위에 올라타고 다녔습니다. 애, 이건 참 굉장하다……. 하고 돌쇠는 하늘에나 오른 듯이 기뻐했습니다. 따라서 전보다도 훨씬 더 소를 귀애하고 소중히 여기게 되었습니다.

자, 이러고 보니 동리에서나 읍에서나 큰 야단입니다. 돌쇠의 황소가 산더미같이 장작을 싣고 하루에 장터를 세 번씩 왕래하는 것을 보고 모두 눈이 뚱그래졌습니다. 그 중에는 어떻게 해서 그렇게 황소의 힘이 세어졌는지 부득부득 알려는 사람도 있고 또 달라는 대로 돈을 줄 터이니 제발 팔아 달라고 청하는 사람도 있었으나 돌쇠는 빙그레 웃기만 하고 대답은 하지 않았습니다.

'무슨 말이냐, 우리 소가 제일이다.'

그럴 적마다 돌쇠는 이렇게 생각하고 더욱 맛있는 죽을 먹이고 딸랑딸랑……, 이려이려……, 하고 신이 나서 소를 몰았습니다.

원래 게으름뱅이 돌쇠입니다마는 이튿날부터는 소모는 데 그만 재미가 나서 장작을 팔러 다녀서 돈도 많이 모았습니다. 눈이 오거나 아주 추운 날은 좀 편히 쉬어 보려 해도 소가 말을 안 들었습니다. 첫새벽부터 외양간 속에서 발을 구르고 구슬을 내흔들고, 넘쳐흐르는 기운을 참지 못해 껑청껑청 뜁니다. 그러면 돌쇠는 할 수 없이 또 황소를 끌어 내고 맙니다.

　이러는 사이에 어느덧 두 달이 거진 다 지나가고 삼월 그믐께가 다가왔습니다. 그 때부터 웬일인지 자꾸 소의 배가 부르기 시작했습니다. 돌쇠는 깜짝 놀라 틈 있는 대로 커다란 배를 둔질러 주기도 하고 또 약도 써 보고 했으나 도무지 효력이 없습니다. 노인네들에게 보여도 무엇 때문인지 아는 사람이 없었습니다.

　돌쇠는 매일매일 걱정과 근심으로 지냈습니다. 아마 이것이 필경 뱃속에 있는 도깨비 장난인가 보다 하는 것은 아슴푸레 짐작할 수 있었으나, 처음에 꼭 두 달 동안이라고 약속한 날이니 어찌할 수 없는 일입니다. 그뿐 아니라 소는 다만 배가 불러 올 뿐이지 별로 기운도 줄지 않고 앓지도 않았으므로

　'제기 그냥 두어라. 며칠 더 기다리면 결말이 나겠지. 죽을 것 살려 주었는데 설마 나쁜 짓이야 하겠니.'

　이렇게 생각하고 사월이 되기만 고대했습니다.

　소는 여전히 기운차게 달구지를 끌고 산이든 언덕이든 평지같이 달렸습니다.

　드디어 삼월 그믐이 다가왔습니다.

돌쇠는 겨우 후 하고 한숨을 내쉬고 그 날 하루만은 황소를 편히 쉬게 했습니다. 그리고 이왕이면 오늘 하루만 더 도깨비를 두어 두기로 결심하고 소를 외양간에다 맨 후 맛있는 죽을 먹이고 자기는 일찍부터 자고 말았습니다.

이튿날 사월 초하룻날 첫새벽입니다. 문득 돌쇠는 잠을 깨니까 외양간에서 쿵쾅쿵쾅 하고 야단스런 소리가 났습니다. 돌쇠는 깜짝 놀라 금방 잠이 깨어서 뛰쳐 일어났습니다.

소를 누가 훔쳐 가지나 않나 하는 근심에 돌쇠는 옷도 못 갈아 입고 맨발로 마당에 뛰어내려 단숨에 외양간까지 달음질쳤습니다. 그랬더니 웬일인지 돌쇠의 황소는 외양간 속에서 이를 악물고 괴로워 못 견디겠다는 듯이 미친 것 모양으로 경중경중 뜁니다. 가엾게도 황소는 진땀을 잔뜩 흘리고 고개를 내저으며 기진맥진한 모양입니다.

돌쇠는 깜짝 놀라 미친 듯이 날뛰는 황소 고삐를 붙잡고 늘어졌습니다. 그러나 황소는 좀체로 진정치를 않고 더욱 힘을 내어 괴로운 듯이 날뜁니다.

"대체 이게 웬 영문이야?"

할 수 없이 돌쇠는 소의 고삐를 놓고 한숨을 내쉬며 얼빠진 사람같이 그 자리에 우뚝 서고 말았습니다.

"돌쇠 아저씨, 돌쇠 아저씨."

그 때입니다. 어디서인지 자기를 부르는 소리를 돌쇠는 확실히 들었습니다. 돌쇠는 그 소리를 듣고 정신이 번쩍 나서 주위를 돌아봤습니다. 그러나 아무도 보이지는 않습니다. 그 때 또 어디서인지 나지막한 목소리가 들려 왔습니다.

"돌쇠 아저씨, 돌쇠 아저씨."

암만 해도 그 소리는 황소 입 속에서 나오는 것 같았습니다. 그래서 돌쇠는 자세히 들으려고 소 입에다 귀를 갖다 대었습니다.

"돌쇠 아저씨 저예요. 저예요. 저를 모르세요?"

그 때서야 겨우 돌쇠는 그 목소리를 생각해 내었습니다.

"오! 너는 도깨비 새끼로구나. 날이 다 새었는데 왜 남의 소 뱃속에 아직껏 들어 있니? 약속한 날짜가 지났으니 얼른 나와야 하지 않겠니?"

그랬더니 황소 속에서 도깨비 새끼는 대답했습니다.

"나가야 할 텐데 큰일났습니다. 돌쇠 아저씨 덕택으로 두 달 동안 편히 쉰 건 참 고맙습니다마는, 매일 드러누워 아저씨가 주시는 맛있는 음식을 먹고 있다가 기한이 됐길래 나가려니까 그 동안에 굉장히 살이 쪘나 봐요. 소 모가지가 좁아서 빠져 나갈 수가 없게 됐단 말예요. 억지로 나가려면 나갈 수는 있지만 소가 아픈지 막 뛰고 발광을 하는구먼요. 야단났습니다."

돌쇠는 그 말을 듣고 기가 탁 막히고 말았습니다.

"그럼 어떡하면 좋단 말이냐. 그거 참 야단이로구나."

돌쇠는 팔짱을 끼고 생각에 잠기고 말았습니다. 도깨비 새끼에게 황소 뱃속을 빌려준 것을 크게 후회했지만 이제 와서 무슨 소용이 있겠습니까. 무엇 보다도 소가 불쌍해서 돌쇠는 그만 눈물이 글썽글썽하고 금방 울음이 터질 것 같았습니다.

그 때 또 도깨비 새끼 목소리가 들려 나왔습니다.

"아, 돌쇠 아저씨 좋은 수가 있습니다. 어떻게든지 해서 이 소가 하품을 하도록 해 주십시오. 입을 딱 벌리고 하품을 할 때에 제가 얼른 뛰어나가겠습니다. 그렇지 않으면 한평생 이 뱃속에서 살거나 또는 뱃가죽을 뚫고 나가는 수밖에 없습니다. 그 대신 하품을 하게 해 주시면 이 소의 힘을 지금보다 백 갑절이나 더 세게 해 드리겠습니다."

"옳다. 참 그렇구나. 그럼 내 하품을 하게 할 테니 가만히 기다려라."

소가 살아날 수 있다는 생각에 돌쇠는 얼른 이렇게 대답은 했으나 가만히 생각해 보니 일은 딱합니다.

대체 어떻게 해야 소가 하품을 하는지 도무지 알 수가 없습니다. 그뿐 아니라 소가 하품하는 것을 돌쇠는 지금껏 한 번도 본 일이 없습니다. 그래서 함부로 옆구리도 찔러 보고 콧구멍에다 막대기도 꽂아 보고 간질여도 보고 콧등을 쓰다듬어 보기도 하고, 별별 꾀를 다 냈으나 소는 하품은커녕 귀찮은 듯이 몸을 피하고 도리질을 하고 한두어 번 연거푸 재채기를 했을 뿐입니다. 도무지 하품을 할 기색은 보이지 않습니다.

그렇다고 이대로 내버려 두었다가는 도깨비 새끼가 뱃속에서 자꾸 자라서 저절로 배가 터지거나

그렇지 않으면 물어뜯겨 아까운 황소가 죽고 말 것입니다. 땅을 팔아서 산 황소요 세상에 다시 없이 애지중지하는 귀여운 황소가 그 꼴을 당한다면 그게 무슨 짝입니까. 돌쇠는 답답하고 분하고 슬퍼서 어쩔 줄을 모를 지경입니다.

생각다 못해서 돌쇠는 옷을 갈아 입고 동리로 뛰어 내려왔습니다.

"어떻게 하면 소가 하품을 하는지 아시는 분 있으면 제발 좀 가르쳐 주십시오."

동리로 내려온 돌쇠는 만나는 사람마다 붙잡고 이렇게 외치며 물었습니다마는 아무도 아는 사람은 없었습니다. 동리에서 제일 나이 많고 무엇이든지 안다는 노인조차 고개를 갸웃하고 대답을 하지 못했습니다.

그렇게 얼마를 묻고 다니다가 결국 다시 빈 손으로 돌쇠는 집으로 돌아오고 말았습니다. 인제는 모든 일이 다 틀렸구나 생각하니 앞이 캄캄하고 기가 탁탁 막힙니다. 고개를 푹 숙이고 풀이 죽어서 길게 몇 번씩 한숨을 내쉬며 돌쇠는 외양간 앞으로 돌아와서 얼빠진 사람같이 황소의 얼굴을 쳐다보았습니다.

자기를 위해서 몇 해 동안 힘도 많이 돕고 애도 많이 쓴 귀여운 황소!

며칠 안 되어 뱃속에 있는 도깨비 새끼 때문에 뱃가죽이 터져서 죽고 말 귀여운 황소!

그것을 생각하니 사람이 죽는 것 못지 않게 불쌍하고 슬프고 원통합니다.

공연히 그 놈에게 속아서 황소 뱃속을 빌려 주었구나 하고 후회도 하여 보고 또 그렇게 미련한 자기 자신을 스스로 매질도 해 보고. 그러나 그것이 인제 와서 무슨 소용입니까. 얼마 안 있어 돌쇠의 둘도 없는 보배이던 황소는 죽고 말 것이요, 돌쇠 자신은 다시 외롭고 쓸쓸한 몸이 되리라는 그것만이 사실입니다.

참다 못해서 돌쇠는 눈물을 흘리고 소리 내어 울며 간신히 고개를 쳐들고 다시 한 번 황소의 얼굴을 바라보았습니다. 황소도 자기의 신세를 깨달았는지 또는 돌쇠의 마음 속을 짐작했는지 무겁고 육중한 몸을 뒤흔들며 역시 슬픈 듯이 돌쇠의 얼굴을 바라보고 있습니다.

얼마 동안 그렇게 꼼짝 않고 돌쇠는 외양간 앞에 꼬부리고 앉아서 황소의 얼굴만 쳐다보고 있었습니다. 밥먹을 생각도 없었습니다. 배도 고프지 않았습니다. 다만 귀여운 황소와 이별하는 것이 슬펐습니다. 오정 때 가까이 되도록 돌쇠는 이렇게 황소의 얼굴만 쳐다보고 있었습니다. 그랬더니 차차 몸이 피곤해서 눈이 아프고 머리가 혼몽하고 졸렸습니다. 그래서 그만 저도 모르는 사이에 입을 딱 벌리고 기다랗게 하품을 하고 말았습니다.

그 때입니다. 돌쇠가 하품을 하는 것을 본 황소도 따라서 길다란 하품을 하기 시작했습니다.

"옳다 됐다."

그것을 본 돌쇠가 껑청 뛰어 일어나며 좋아라고 손벽을 칠 때입니다. 벌린 황소 입으로 살이 통통히 찐 도깨비 새끼가 깡총 뛰어나왔습니다.

"돌쇠 아저씨, 참 오랫동안 고마웠습니다. 아저씨 덕택에 이렇게 살까지 쪘으니 아저씨 은혜가 참 백골난망입니다. 그 대신 아저씨, 소가 지금보다 백 갑절이나 기운이 세게 해 드리겠습니다."

도깨비 새끼는 돌쇠 앞에 엎드려 이렇게 말하고 나서 넙죽 절을 하더니 상처가 나은 꼬리를 저으며 두어 번 재주를 넘었습니다. 그리고 나서 어디로인지 없어지고 말았습니다.

그 때서야 돌쇠는 겨우 정신을 차렸습니다. 이제껏 일이 꿈인지 정말인지 잠깐 동안은 분간할 수 없었습니다. 그러다가 고개를 들어 훌쭉해진 황소의 배를 바라보고 처음으로 모든 것을 깨닫고 하하하하 큰 소리를 내어 웃었습니다. 그리고 귀여워 죽겠다는 듯이 황소의 등을 쓰다듬었습니다.

죽게 되었던 황소가 다시 살아났을 뿐 아니라 이튿날부터는 지금보다 백 갑절이나 힘이 세어져서 세상 사람들을 놀래었습니다. 돌쇠는 더욱 부지런해져서 이른 아침부터 백 마력의 소를 몰며

"도깨비 아니라 귀신이라두 불쌍하거든 살려 주어야 하는 법이야."

이렇게 속으로 중얼거리고 콧노래를 불렀습니다.

여러분은 20년 뒤의 자기 자신을 상상해 볼 수 있나요? 여러분은 어떤 모습으로 세상을 살아가고 싶은가요? 어디서 어떤 모습으로 살아가게 되건 여러분이 꼭 갖추고 있어야 할 힘이 있습니다. 그것은 창조적으로 생각하는 힘이지요.

디자이너를 꿈꾸는 어린이가 있나요? 디자이너로 성공하기 위해서는 사람들이 진짜 원하며, 꼭 필요한 새로운 디자인을 생각해 낼 수 있어야 합니다. 사업가가 되고자 한다면 반짝이는 아이디어로 고객의 마음을 사로잡을 수 있어야 하고요. 선생님이 되고 싶다고요? 여러분, 혹시 그런 경험이 있는지 모르겠어요. 똑같은 내용을 가르쳐주시는데도 어떤 선생님의 설명은 귀에 쏙쏙 들어오지만, 어떤 선생님의 설명은 아무리 들어도 알 수 없는 경우가 있지요. 그 두 분의 차이점은 바로 창조적인 생각이랍니다. 무언가를 창조한다는 것은 꼭 필요한 새로운 것을 만들어내는 일이지요.

내용파악

1 돌쇠의 직업과 사는 곳을 말해 보세요.

2 '먹을 것이 있는 동안은 빈둥빈둥 놀고 그러다가 정 궁하면 나무를 팔러 나갑니다.' 돌쇠의 성격을 한 마디로 설명해 주는 말인데요. 돌쇠가 이렇게 살아가는 이유는 무엇인가요?

① 나이 삼십이 넘도록 장가도 안 가고 또 부모도 일가 친척도 없는 혈혈 단신이라
② 열심히 일해 봐야 가난을 면키 어렵다고 생각해서
③ 좀더 잘 살고 싶다는 마음을 갖고 있지 않기 때문에

3 돌쇠의 무엇보다 소중한 재산이며, 자랑거리는 무엇인가요?

4 북풍이 불고, 진눈깨비가 쏟아지던 날, 장작을 팔고 돌아오던 돌쇠가 산길에서 만난 것은 누구입니까?

5 다음 네모 안에 들어갈 말을 넣어 글의 내용을 파악해 보세요.

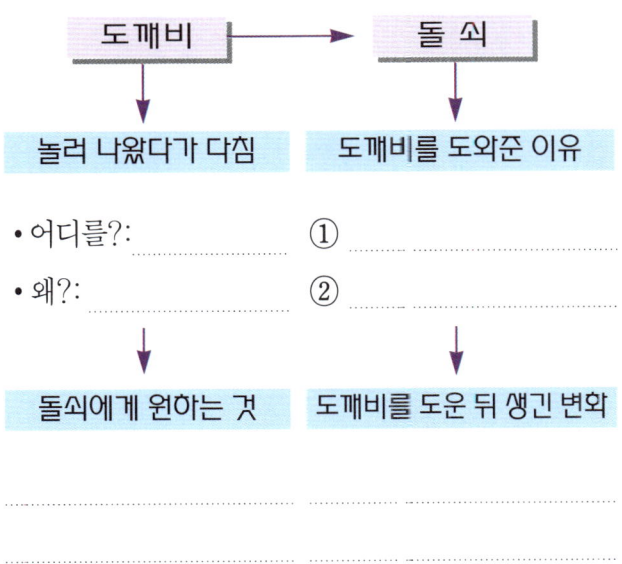

6 힘이 열 배나 세어진 황소를 보고 동네 사람들도 모두 부러워했지요. 오래지 않아 돌쇠는 돈을 많이 모으게 되었는데요. 그렇게 될 수밖에 없었던 이유를 두 가지 골라 보세요.

① 하루 한 번 왕복하기도 빠듯했던 장터를 바람같이 내달아 3번씩 다녀올 수 있게 되어 장작을 그만큼 많이 팔았기 때문에
② 뱃속의 도깨비가 도와준 보답으로 날마다 돈을 주었기 때문에
③ 소 모는데 재미를 느낀 돌쇠가 열심히 일한 덕에
④ 황소를 비싼 값에 팔 수 있었기 때문에

그런데 여러분… 안타깝게도 창조적으로 생각하는 힘은 외우고 쓰는 공부를 아무리 열심히 해도 길러지지 않는답니다. 여러분 스스로 자꾸 생각하는 습관을 들이는 것이 가장 좋은 방법이지요. 그것이 잘 안 된다면 지금부터 정신 똑바로 차리고 이 책에 들어 있는 창조적인 생각을 찾으러 떠나 보기로 해요. 이 책 속에는 창조적인 어린이가 되는 방법들이 듬뿍 들어 있거든요.

창조적인 생각은 정확히 아는 데서부터 시작되지요. 여러분이 읽은 '황소와 도깨비'의 내용을 정확히 알고 있나요? 그렇다면 여러분은 창조적으로 생각할 준비가 되어 있는 거예요. 확신할 수 없다던 다음 문제들을 함께 풀어나가며 '황소와 도깨비'의 내용을 정확히 파악해 보기로 해요.

7 도깨비와 약속한 두 달이 거의 되어올 무렵 소에게 커다란 변화가 생깁니다. 배가 무섭게 불러오기 시작한 것이지요. 다음 물음에 답해 보세요.

① 돌쇠는 어떻게 했나?

② 돌쇠가 걱정과 근심으로 보낸 까닭은?

③ 그래도 별 일이 일어나지 않을 것이라고 돌쇠가 확신한 까닭은?

8 마침내 도깨비와 약속한 날이 되었습니다. 잠을 자던 돌쇠가 깜짝 놀라 밖으로 뛰쳐나온 까닭은 무엇입니까?

9 한참을 소 곁에서 괴로워하던 돌쇠에게 도깨비의 목소리가 들려왔습니다. 도깨비가 황소의 몸밖으로 빠져나올 수 없는 이유는 무엇이며, 도깨비가 빠져나오게 해주기 위해 돌쇠가 해야 할 일은 무엇이었습니까?

☞ 도깨비가 빠져나오지 못하는 이유:

☞ 돌쇠가 해야 할 일:

10 돌쇠는 황소가 하품을 하도록 만들기 위해 이렇게도 해보고 저렇게도 해보았습니다. 하지만 모두 소용없었지요. 그랬던 황소가 어떻게 해서 하품을 하게 되었나요?

11 도깨비는 자기를 살려준 보답으로 황소의 힘을 백 갑절이나 세어지게 해주었습니다. 돌쇠가 그런 황소를 보며 중얼거린 말을 동화의 끝 부분에서 찾아 적어 보세요.

줄거리 요약하기

줄거리 요약을 귀찮고 따분한 일이라고 생각하는 어린이가 있다면 지금부터라도 그 생각을 확 바꾸시기 바랍니다. 줄거리는 쓸 데 없이 긴 것을 핵심만 뽑아 줄여놓은 것입니다. 즉, 줄거리만 보면 긴 글 전체를 한눈에 파악할 수 있다는 뜻이지요.

그래서 어떻다는 거냐고요? 생각해 보세요. 얼마나 많은 정보들이 글로 정리되어 우리들 앞에 제시되나요? 학교에서 하는 공부도 마찬가지 아닌가요? 그 많은 정보들을 짧게 요약하여 내 것으로 만들 수 있는 사람은 앞서가는 사람이 될 수밖에 없답니다. 미래는 정보를 많이 가진 사람이 주인공이니까요.

줄거리 요약의 모든 것을 여러분에게 간단 명료하게 알려드리겠습니다. 이 책을 통해 남보다 적은 시간을 들여 공부도 잘 하고, 정보 전쟁에서도 앞서가는 여러분이 되세요.
자, 그럼 시작해 볼까요?

이 책의 앞부분, 그러니까 머리말 다음에 동화에 대해서 설명하면서 문단을 설명해 놓았습니다. 모두 읽었지요? 읽지 않았다면 앞장을 펴고 꼼꼼하게 읽어보세요. 거기서 이야기한 방법대로 줄거리를 요약할 생각이니까요.

그럼, '황소와 도깨비'를 다섯 덩어리로 나눠 보도록 하겠습니다. 이야기 전체를 머리 속에 그려보며 내용이 크게 바뀌는 부분을 생각해 보세요. 그게 바로 문단이니까요.

발단 (첫 번째 문단):
처음부터 어디까지일까요? 내용의 흐름을 가만히 생각해보면, 글의 시작 부분에서 주인공인 돌쇠에 대한 소개가 나옵니다. 나무 장수이고, 게으르며, 황소 한 마리를 가지고 있다고 말입니다. 게다가 가족이라곤 아무도 없는 외로운 처지라는 내용이 말입니다. 그러다가 어떻게 되나요? 돌쇠가 모처럼 나무를 팔러가고, 거기서 도깨비를 만나지요? 그러니까 내용상 첫 번째 문단은 처음부터 돌쇠가 나무를 팔러가기 전까지일 겁니다. 그렇지요? 두 번째 문단부터는 여러분 스스로 해보세요.

전개

_____부터 _____까지

위기	_____부터 _____까지
절정	_____부터 _____까지
결말	_____부터 _____까지

모두 해보셨나요?

맞든 맞지 않든 여러분 스스로 해보았다는 것이 중요하답니다. 다음에 제시된 것과 비교해 보며 여러분이 나눈 것이 정확한지 한 번 살펴보세요.

> **발단** (첫 번째 문단) 처음부터 나무를 팔러 가는 내용 전까지
>
> **전개** (두 번째 문단) 나무를 팔러가는 데서부터 도깨비의 사정 이야기를 듣고 도와주는 데까지
>
> **위기** 도깨비를 도와주자 생긴 변화부터 황소의 배가 불러오기 전까지
>
> **절정** 황소의 배가 불러오는 데서부터 도깨비가 밖으로 나오는데까지
>
> **결말** 황소를 바라보며 돌쇠가 흐뭇해 하는 데서부터 끝까지

이렇게 문단을 나누어 놓고 보면, 각 문단별로 중심내용이 하나라는 것을 알 수 있습니다. 그 중심이 되는 내용을 간략하게 정리해 놓은 것이 바로 줄거리지요. 첫 번째 문단을 볼까요?

첫 번째 문단 줄거리 혈혈단신에 게으른 나무 장수 돌쇠에게는 자랑거리이자 소중한 재산인 황소 한 마리가 있었다.

이것이 첫 번째 문단의 줄거리입니다. 두 번째 문단부터는 여러분의 힘으로 해 보세요. 주인공이 한 일이 줄거리입니다. 한 일 중에도 가장 중요한 것을 찾는 겁니다.

두 번째 문단 줄거리

....

....

세 번째 문단 줄거리

....

....

네 번째 문단 줄거리

....

....

다섯 번째 문단 줄거리

....

....

여러분이 적은 줄거리와 다음을 비교해 보세요.

첫 번째 문단 줄거리 혈혈단신에 게으른 나무 장수 돌쇠에게는 자랑거리이자 소중한 재산인 황소 한 마리가 있었다.

두 번째 문단 줄거리 어느 날 나무를 팔고 돌아오던 돌쇠는 꼬리를 잘린 채 추위에 떨고 있는 도깨비를 만나 두 달만 도와준다는 조건으로 황소의 뱃속에 들어가 있게 해준다.

세 번째 문단 줄거리 도깨비가 황소 뱃속으로 들어가자, 황소는 힘이 열 곱절이나 세어져 모든 사람의 부러움을 샀고, 돌쇠는 일 잘하는 황소 덕에 돈을 많이 모았다.

네 번째 문단 줄거리 마침내 도깨비와 약속한 날짜가 되자 황소는 배가 불러오며 괴로워한다. 돌쇠는 도깨비를 도와준 것을 후회하며 안절부절못하다가 도깨비의 말을 듣고 황소가 하품을 하게 해준다. 그 틈에 도깨비가 밖으로 빠져나오자, 돌쇠는 안도한다.

다섯 번째 문단 줄거리 도깨비가 백 곱절이나 힘이 세지게 만들어 준 황소를 바라보며 흐뭇하게 웃던 돌쇠는 사람이건 도깨비건 불쌍하거든 도와주어야 한다는 사실을 깨닫는다.

문단을 나누고, 문단의 중심내용을 요약하여 줄거리를 쓰는 방법에 대해 공부해 보았습니다. 처음이라 조금 어렵게 느껴졌을 수도 있을 텐데요. 무슨 일이든 처음엔 어렵게 느껴지기 마련이지요. 하지만 한 번 두 번 연습해나가는 사이 여러분은 줄거리 요약의 도사가 되어 있을 겁니다. 믿어지지 않는다고요? 그러지 말고 믿으세요. 확실하니까요.

앞에서 여러분은 동화 한 편을 읽은 뒤 글의 내용을 정확히 파악하는 연습과 읽은 글을 간결하게 요약하는 연습을 해 보았습니다. 이제 여러분의 마음 속에 잠들어 있는 창조적인 생각들을 깨워 일으킬 때가 되었습니다.

지혜 쌓기

지혜쌓기 1.

'황소와 도깨비'

 제목에서 알 수 있듯이 이 동화에는 조그마한 도깨비가 등장합니다. 여러분은 도깨비에 대해 어떻게 생각하나요? 이 세상에 도깨비가 진짜 존재할까요? 도깨비가 아니라면 귀신은 어떤가요? 귀신이 정말 있을까요?

 사람마다 생각이 다를 텐데요. 여러분은 어느 쪽인가요? 어느 쪽이든 상관없습니다. 여기서 이야기하고 싶은 것은 여러분이 스스로의 생각에 얼마나 확신을 가지고 있는가, 하는 것입니다. 확신할 수 없다는 것은 별로 고민해 보지도 않고 자기의 생각을 무작정 어느 한 쪽으로 정해 버렸다는 것이지요. 이 세상엔 그런 사람들이 참 많답니다. 누가 이렇다고 하면 아무 생각 없이 그럴거라고 믿어 버리는 줏대 없는 사람들 말입니다. 여러분이 혹시 그런 사람 아닌가요? 그런 사람들치고 무언가 큰일을 해내는 것을 본 적이 없습니다. 큰일은 줏대 있는 사람들의 전유물이지요.

 그렇다면 자기 생각에 확신을 갖기 위해서는 어떻게 해야 할까요? 물론 깊이 생각해야 하겠지요. 그리고 그렇게 생각하는 이유를 되도록 많이 생각해 낼 수 있어야 합니다.

자, 다시 묻겠습니다. 여러분은 도깨비나 귀신이 이 세상에 있다고 믿나요? 믿지 않는다고요? 어느 쪽이든 좋으니 깊이 생각하여 결정하세요. 그리고 그렇게 확신하는 이유를 두 가지 이상 적어 보세요.

☞ 나의 생각:

☞ 그렇게 생각하는 이유:
①
②

지혜쌓기 2

"도깨비 아니라 귀신이라두 불쌍하거든 살려 주어야 하는 법이야."

돌쇠가 마지막에 한 말입니다. 불쌍하다는 말은 사정이나 형편이 어려워서 슬픈 생각이 들 정도로 안 돼 보인다는 뜻입니다.

불쌍한 사람을 도와야 한다는 의견에 반대할 사람은 아무도 없을 것입니다. 그런데도 우리 주변에는 불쌍한 사람들이 정말 많지요. 여러분은 불쌍한 사람들을 얼마나 알고 있나요? 자기 주변부터 한 번 살펴보기로 해요. 혹시 학교에서 친구들로부터 따돌림을 받는 친구가 있지 않나요? 있다면 그 친구는 불쌍한 처지에 놓여 있는 게 분명합니다. 그런데 왜 아무도 그 친구를 돕지 않지요?

또 누가 있을까요? 아마 생각을 조금 더 해 보면 불쌍한 사람들이 굉장히 많이 떠오를 겁니다. 다음 물음에 답해 보세요.

① 여러분이 알고 있는 불쌍한 사람들을 몽땅 적어 보세요.

② 여러분이 적은 사람들 중 한 사람을 선택하여 여러분의 힘으로 그 사람을 도울 수 있는 방법을 자세하게 설명해 보세요.

독서감상문 쓰기 - 처음 부분 쓰기

1. 독서감상문이란?

독서감상문은 책을 읽고 난 뒤의 감상을 적은 글입니다. 감상은 곧 느낌이라고 할 수 있을 틴데요, 감상에 대해서는 뒤에서 자세히 설명하기로 하고 여기서는 독서감상문에 꼭 들어가야 할 내용들에 대해 생각해 보기로 해요.

2. 독서감상문에 꼭 들어가야 할 내용

독서감상문(독후감)에 꼭 들어가야 할 내용은 무엇일까요? 생각나는대로 아래에다 적어 보세요.

❖ 독서감상문에 꼭 들어가야 할 내용

　..
　..
　..
　..

독서감상문만큼 어려운 글은 없습니다. 그러나 쓰면 쓸수록 독서감상문만큼 쉬워지는 글도 없습니다. 쓸수록 쉽지만 수없이 많은 열매를 제공해주는 과일나무처럼 여러분에게 커다란 선물을 안겨줄 수 있는 것이 독서감상문이기도 합니다.

초등학교밖에 졸업하지 못한 에디슨은 굉장한 독서가였습니다. 독서 후에는 늘 노트에 뭔가를 정리하곤 했던 에디슨입니다. 그의 독서기록 노트가

집중 탐구

3600권에 이른다는 것을 아시나요? 여러분이 그렇게 많은 책을 읽고, 감상문 쓰기를 통해 생각의 폭을 넓혀간다면, 에디슨이 문제가 아닐 것입니다. 적어도 여러분은 에디슨보다 좋은 학교에서 더 많은 공부를 한 자랑스러운 어린이들일 테니까요.

독서감상문은 책을 읽고 내용을 정확하게 파악하여 요약하는 능력과 깊은 사고력을

요구하는 글입니다. 독서감상문이 어려운 까닭은 그런 기본적인 능력이 갖춰져 있지 않기 때문이고요, 일단 그런 것들에 익숙해지면 일기보다도 쉬운 글이 독서감상문이지요. 일기보다 쉬운 글쓰기를 통해 에디슨만큼 위대한 사람이 될 수 있다면 한 번 도전해 볼 만하지 않은가요? 함께 공부해 보기로 하지요.

다 적어 보셨나요?

여러분이 적은 것이 맞나 잘 살펴보세요.

① 독서감상문에는 먼저 **감상**이 들어가야 해요.
② 감상은 글을 읽은 사람의 느낌과 생각이라고 할 수 있어요. 그렇다면 그러한 느낌과 생각은 무엇을 보고 일어난 것일까요? 바로 여러분이 읽은 글이지요. 따라서 생각과 느낌의 근거가 되는 **줄거리**가 독서감상문에 꼭 들어가야 한답니다.
③ 여러분, 파리가 어디론가 윙윙거리며 날아가는 데도 이유가 있답니다. 그렇다면 여러분은 책을 왜 읽나요? 책을 통해 새로운 것을 배우고, 새로운 생각을 깨우치기 위해 읽는 거랍니다. 여러분이 **책을 통해 새로 배우고, 깨우친 생각**이 무엇인지도 독서감상문에 밝혀야 한답니다. 아울러 **책을 읽고 난 뒤의 전체적인 느낌**을 표현해 보는 것도 좋겠지요.

위에서 이야기한 세 가지가 독서감상문의 가장 핵심이 되는 내용들이라고 할 수 있을 거예요.

3. 독서감상문 어떻게 쓰나?

여러분 혹시 학교에서 읽기 시간에 글을 읽은 뒤에 전체 내용을 처음 - 가운데 - 끝으로 나누어 본 적이 있나요?

처음 – 가운데 – 끝이란 문단을 이야기하는 것인데요, 글쓴이의 생각을 크게 세 부분으로 나누어 전개했다는 뜻이지요.

세 부분으로 나누어 쓰는 것은 글쓰기의 가장 기본이 되는 생각 전개 방법입니다. 독서감상문도 마찬가지지요. 그렇다면 독서감상문의 처음 – 가운데 – 끝 부분에는 어떤 내용이 들어가야 하는지 함께 알아보기로 해요.

독서감상문에서 가장 중요한 것은 줄거리와 감상이지요. 줄거리와 감상은 어디에 들어가야 할까요? 맞았아요. 바로 가운데 부분이지요. 책을 통해 새로 배우고, 깨우친 생각이나 책을 읽고 난 뒤의 전체적인 느낌은 끝부분에 들어가는 것이 좋겠지요? 그렇다면 처음 부분에는 어떤 내용이 들어가야 할까요?

독서감상문의 처음-가운데-끝

➡ 처음
- 책을 읽게 된 동기 · 책을 읽은 까닭을 밝히며 시작하는 방법
  (항상 읽게 된 동기나 까닭을 쓰는 것은 아니고요, 특별한 동기나 까닭이 있을 때 씁니다.)
- 책과 지은이에 대한 소개로 시작하는 방법
- 두드러진 감동부터 쓰는 방법
- 이 외에도 여러 가지 방법들이 있는데요... 자연스럽게 글이 시작된다면 어떤 방법이든 상관없답니다. 뒤에서 실제로 친구들이 쓴 글을 보면서 함께 살펴보기로 해요.

➡ **가운데**
앞에서 말씀드렸듯이 줄거리와 감상을 씁니다.

➡ **끝**
-책을 통해 새로 배우거나 깨우친 생각
-책을 읽고 난 뒤의 전체적인 느낌

4. 친구들의 글 감상하기

➡ 두드러진 감동부터 쓰는 방법

'황소와 도깨비'를 읽고

성저 초교 **최 유 진**

'도깨비 아니라 귀신이라두 불쌍하거든 살려 주어야 하는 법이야.'
지난 주에 우리 교회에서는 해냄 공동체에 다녀왔다. 불쌍한 장애인들을 목욕시켜 주고, 폐 휴지와 빈 병을 분리수거하는 봉사를 하면서 내가 느낀 생각이 꼭 이 말과 같았다. 도깨비도 도와주는데 장애인들은 우리와 같은 사람들 아닌가. 이 동화의 마지막 장면에서 나오는 돌쇠의 말과 같이 모든 사람들이 불쌍한 사람들을 돕는다면 해냄 공동체에서 만난 사람들의 얼굴에도 행복한 미소가 피어날 것이라고 생각하며 이 동화를 읽었다.

▶ 작품을 읽은 동기·까닭부터 쓰는 방법

'황소와 도깨비'를 읽고

문화 초교 **김 세 진**

우리 엄마는 여고 시절에 문학 소녀였다고 한다. 그래서 나의 고생이 이만저만이 아니다. 엄마는 공부 안 하는 건 봐주어도, 책 안 읽는 건 용서하지 않는다. 오늘도 엄마를 따라 서점에 가야 했다. 정글북이라는 대형 서점에서 엄마가 갑자기 그림책 하나를 내게 내밀며 꼭 읽어야 한다고 하셨다. 나는 6학년이나 된 나에게 그림책을 내미는 엄마를 이해할 수가 없었다.

"세진아, 이건 유치한 그림책이 아냐. 너 '이상'이라는 분이 어떤 사람인지 모르지? 이 엄마가 여고시절에 무지무지하게 감동적으로 읽은 소설을 쓰신 천재 작가란다. 넌 이걸 꼭 읽어야 해."

꼭 읽어야 한다는 엄마의 말에 나는 투덜거릴 수조차 없었다. 어울리지 않게 그림책을 사서 들고 집으로 돌아온 나는 엄마의 감시 하에 울며 겨자 먹기 식으로 책을 읽기 시작했다.

그런데 읽다 보니 그렇게 흥미진진할 수가 없었다. 도깨비의 힘으로 힘이 세진 황소와 돌쇠가 벌이는 여러 가지 일들을 보며 다음엔 어떤 얘기가 나올까 궁금해하며 빠르게 읽어나갔다. 읽고 나서 곰곰 생각해 보니 불쌍한 사람을 도와야 한다는 뻔한 이야기를 흥미진진한 이야기 속에서 다시 한 번 깊게 생각하게 만들어준 '이상' 이라는 작가 할아버지가 엄마 말처럼 진짜 천재 같이 느껴졌다. 모처럼 아주 재미있게 책을 읽은 것 같아 기분이 좋았다.

▶ 자기의 생활 경험부터 쓰는 방법

'황소와 도깨비'를 읽고

문화 초교 **유 슬 아**

그런 도깨비 있으면 나도 좀 만나고 싶다. 우리 집 멍멍이 예삐 뱃속에 들어가라고 하고 싶기 때문이다. 온가족이 보신탕을 좋아한다는 말썽꾸러기 민찬이를 혼내주고 싶기 때문이다. 그 애는 우리 예삐만 보면,
　"어휴, 저 똥개... 끓이면 한 냄비도 안 되겠네..."
하며 약을 올린다. 그 아이네 집에는 진돗개가 있다. 진돗개를 시켜 언젠가는 꼭 한 번 물어주게 만들겠다고 벼르는 민찬이가 무섭다. 우리 예삐가 황소처럼 힘이 세지면 얼마나 좋을까.

작품 내용의 순서에 따라 쓰는 방법 (줄거리부터 시작)

'황소와 도깨비'를 읽고

장성초교 김 인 주

혈혈단신에 게으른 나무장수 돌쇠에게는 자랑거리이자 소중한 재산인 황소 한 마리가 있었다. 어느 날 나무를 팔고 돌아오던 돌쇠는 꼬리를 잘린 채 추위에 떨고 있는 도깨비를 만나 두 달만 도와준다는 조건으로 황소의 뱃속에 들어가 있게 해준다. 도깨비가 황소 뱃속으로 들어가자, 황소는 힘이 열 곱절이나 세어져 모든 사람의 부러움을 샀고, 돌쇠는 일 잘하는 황소 덕에 돈을 많이 모았다. (중략)

5. 나도 쓸 수 있어요.

여러분도 앞에서 살펴본 친구들처럼 '황소와 도깨비'를 읽은 뒤의 독서감상문 처음 부분을 써 보세요.

☞ _____ 방법

'황소와 도깨비'를 읽고

_____ 초교 _____

제 3 편

하나님은 진실을 알지만 빨리 말하지 않는다

(톨스토이)

하나님은 진실을 알지만 빨리 말하지 않는다

– 톨스토이 –

블라지미르에 악쇼노프라는 젊은 상인이 살고 있었는데, 그는 가게 두 채와 집 한 채를 가지고 있었습니다.

악쇼노프는 미남자 같은 얼굴에 갈색 곱슬머리를 가진 사내로, 블라지미르에선

제일가는 호남아였고 노래도 곧잘 불렀습니다. 악쇼노프는 젊었을 때부터 술을 잘 마셨으며, 많이 마셔 취했을 때는 거리에서 소란을 피우기도 했지만 결혼을 하고부터는 좋아하던 술도 끊고 어쩌다 그런 일이 있을 뿐이었습니다.

어느 여름날, 악쇼노프는 니즈니 시장으로 떠나려 하고 있었습니다. 그가 다녀오겠노라고 말하자 아내는 이렇게 말했습니다.

"여보, 오늘은 떠나지 마세요. 당신에 대해 좋지 못한 꿈을 꾸었어요."

악쇼노프는 웃으며 대답했습니다.

"당신은 아직도 걱정하고 있구려. 혹시 내가 시장에 가서 술을 너무 마시지나 않을까 하고 말이오."

아내는 말했습니다.

"전 제가 무엇을 걱정하는지는 분명히는 모르겠어요. 하지만 꿈이 좋지가 않았어요. 글세 꿈에 말예요. 당신이 외출했다 돌아오시는데 고자를 벗는 걸 코니깐 머리가 하얗게 세지 않았겠어요."

악쇼노프는 껄껄 웃었습니다.

"아니야. 그건 오히려 돈을 벌게 된다는 꿈이지. 자, 두고 봐요. 이제 내가 시장에 가서 장사를 잘 해설랑 돈을 많이 벌어 좋은 선물잔뜩 사올 테니."

이렇게 말한 그는 가족과 인사를 하고 시장을 향해 떠났습니다.

절반쯤 갔을 때 그는 잘 아는 장사꾼을 만나 마침 해도 저물고 해서 함께 여인숙으로 들었습니다. 그들은 차를 마시고 나란히 붙어 있는 두 방에 따로따로 들어가 잠자리에 누웠습니다. 악쇼노프는 잠을 많이 자는 편이 아니었습니다. 그는 한밤중에 일어나 서늘할 때 좀더 편히 가리라 생각하고 마부를 깨워 떠날 채비를 하라고 일렀습니다. 그리고 뒷방에 있는 주인에게 숙박료를 계산하고 떠났습니다.

40베르스따쯤 갔을 때 그는 말에 먹이를 주려고 길가의 여인숙 입구에 마차를 멈추고 방문턱에서 휴식을 취했습니다. 밥 먹을 시간이 되어 현관 계단으로 나와서 그곳에 차를 내오라고 이르고 계단 위에 앉아 기타를 퉁기기 시작했습니다.

그런데 그때 갑자기 그 여인숙에 방울을 단 세 마리의 말이 끄는 마차가 들이닥쳤습니다. 마차에선 두 병사를 거느린 관리가 나와 악쇼노프에게 다가오더니, 당신은 무엇을 하는 사람이며 어디서 왔느냐고 물었습니다. 악쇼노프는 사실대로 이야기한 후 차라도 한잔 하겠느냐고 물었습니다. 그러나 관리는 계속해서

"어젯밤에는 어디서 잤느냐, 혼자였느냐 아니면 어떤 상인과 함께 잔 일은 없느냐, 아침에 상인을 보았는가, 어째서 이렇게 일찍 떠났는가."

하고 이것저것 물었습니다.

악쇼노프는 도대체 왜 이런 질문을 자기에게 하는지 궁금해 하면서도 모든 것을 사실대로 다 이야기하고 나서 이렇게 물었습니다.

"어째서 당신은 그렇게 여러 가지 일을 나에게 묻는 겁니까? 나는 도둑도 아니고 강도도 아닙니다. 장사를 하기 위해 여행하고 있는겁니다. 그러니 나에게 그런 걸 물을 필요가 없을 텐데요."

그때 그 관리는 큰소리로 병사들을 부르더니 이렇게 말했습니다.

"나는 경찰서장이다. 내가 너에게 이것저것 물어 본 것은 어젯밤 너와 같이 여인숙에 들어가 옆방에서 잔 상인이 목이 잘려 죽었기 때문이야. 우선 짐들을 좀 보자.

그리고 이놈의 몸을 뒤져 봐."

그들은 방에 들어가서 가방과 자루를 꺼내더니 뒤지기 시작했습니다. 별안간 서장이 자루 속에서 단도 한 자루를 꺼내 들고 소리쳤습니다.

"이건 누구의 칼이지?"

악쇼노프가 보니 피 묻은 칼이 그의 자루에서 나왔습니다. 그래서 그는 깜짝 놀랐습니다.

"어째서 칼에 피가 묻어 있지?"

악쇼노프는 대답하려고 하였으나 입에서 말이 튀어나오지 않았습니다.

"저…… 저는 잘 모르겠어요. 저는 칼…… 저는…… 그건 제 것이 아닌데요……."

그때 서장이 말했습니다.

"아침에 그 상인이 잠자리에서 목이 잘린 시체로 발견됐단 말이야. 너밖에는 아무도 그런 일을 저지를 사람이 없다. 집은 안에서 잠겨 있었고 집 안에는 너밖에는 아무도 없었단 말이야. 이렇게 피 묻은 칼도 네 자루 속에 들어 있고 게다가 네 얼굴도 살인자로 나타나 있다는 말이다. 자, 바른 대로 말해. 어떤 식으로 너는 그 남자를 죽였지? 돈은 또 얼마를 훔쳤지?"

악쇼노프는, 그런 짓을 한 것은 자기가 아니며, 함께 차를 마셨을 뿐 그 다음에는 한 번도 만난 일도 없으며, 돈도 자기가 집에서 갖고 온 8천 루블밖에는 가지고 있지 않으며, 칼도 자기 것이 아니라고 말한 후 하나님께 맹세까지 했습니다. 그러나 그의 말은 더듬거렸고 얼굴은 파랗게 질려 있었으며 온몸은 마치 죄라도 지은 사람처럼 무서워 부들부들 떨고 있었습니다.

서장은 병사에게 그를 묶어 짐마차에 태우라고 명령했습니다. 그의 두 다리가 묶이어서 짐마차 위에 올려졌을 때 악쇼노프는 성호를 그으면서 울음을 터뜨렸습니다. 악쇼노프는 모든 소지품과 돈을 빼앗기고 부근에 있는 감옥으로 보내어졌습니다.

악쇼노프가 어떤 사람인지 알아보기 위해 블라지미르에 사람이 보내졌습니다. 블라지미르의 주민들과 상인들은 모두 악쇼노프는 젊었을 땐 술을 마시고 놀기도 좋아했지만 인간성은 좋은 사람이라고 입을 모아 말했습니다.

그 후에 그의 재판이 시작되었습니다. 그는 라쟌의 상인을 죽이고 2만 루블의 돈을 훔쳤다는 죄로 재판을 받게 된 것입니다.

그의 아내는, 남편의 일을 원통하게 생각하면서도 어떻게 해야 좋을지 몰랐습니다. 그녀의 애들은 모두 조무래기였으며 그 중의 하나는 아직도 젖먹이였습니다. 그녀는 애들을 모두 데리고 남편이 갇혀 있는 감옥으로 갔습니다. 처음에는 만나게 해주지 않았지만 그녀가 기관장에게 청을 넣어 간신히 남편을 면회할 수 있었습니다.

죄수옷을 입고 쇠사슬에 매여 진짜 강도들과 함께 있는 남편을 보았을 때, 그녀는 정신을 잃고 땅바닥에 쓰러져 오랫동안 깨어나지 못했습니다. 정신을 찾자 그녀는 어린아이들을 그의 주위에 있게 하고 남편과 나란히 앉아 집안 사정을 이야기해 준 뒤 남편의 일에 대해서 물었습니다. 남편은 아내에게 자초지종을 이야기했습니다. 그랬더니 아내가 물었습니다.

"그럼 어떻게 하면 좋지요?"

그는 말했습니다.

"폐하께 탄원할 수밖에 없어. 죄도 없이 죽을 순 없잖소?"

아내는 자기로선 여러 번 폐하께 탄원을 했지만 황제께는 미치지 못했다고 말했습니다. 악쇼노프는 아무 말 없이 머리만 숙일 뿐이었습니다. 그때 아내가 말했습니다.

"여보 당신도 기억하시겠지요? 제가 그날 아침 당신의 머리가 하얗게 세었다고 한 꿈 이야기 말예요. 역시 괜한 일이 아니었던가봐요. 지금 이렇게, 슬픔으로 당신은 머리가 하얗게 변했잖아요. 그때 길을 떠나지 말았어야 하는 건데."

그녀는 남편의 머리카락을 쓰다듬어 올리면서 말했습니다.

"여보, 저에게만은 사실대로 말해 줘요. 정말 그것은 당신이 한 일이 아니었죠?"

"그럼 당신까지 나를 의심해 왔다는 말이오?"

악쇼노프는 이렇게 말하면서 두 손으로 얼굴을 가리고 엉엉 울기 시작했습니다. 그러자 병사가 와서 아내와 아이들은 그만 가야 한다고 말했으므로 악쇼노프와 가족은 마지막 이별을 나누었습니다.

　아내가 떠난 후 악쇼노프는 두 사람이 주고받은 말을 다시 한 번 곰곰이 생각해 보았습니다. 아내까지도 자기를 의심하고 그 상인을 죽인 것은 당신이 아니냐고 물은 것을 생각하고 그는 스스로에게 말했습니다.

　'역시 하나님 외에는 아무도 진실을 알아주는 사람이 없다. 이제는 오로지 하나님에게 기도를 드리고 자비를 베풀어 주시기를 기다릴수밖에 없구나.'

　그후부터 악쇼노프는 탄원서 내기를 단념하고 또 다른 희망도 가지기를 단념하고 다만 하나님께 기도만 드렸습니다.

　악쇼노프는 태형을 받고 강제 노동이 선고되었습니다. 그리고 선고대로 형을 치르게 되었습니다.

　사람들은 그를 곤장으로 치고, 곤장으로 인해 상처가 나자 다른 죄수들과 함께 시베리아로 쫓아 버렸습니다.

시베리아의 유형지에서 악쇼노프는 26년 동안이나 징역살이를 했습니다. 그의 머리는 눈처럼 하얗게 변했으며, 길고 가느다란 수염이 턱에 허옇게 돋아나 있었습니다. 타고난 명랑한 성격도 완전히 없어져 버렸으며 허리도 구부정해졌고, 걸음걸이도 조용해졌습니다. 말도 거의 않고 웃는 일도 없었으며 다만 하나님에게 기도만 할 뿐이었습니다.

감옥에서 악쇼노프는 신발 만드는 기술을 배웠습니다. 거기서 받은 품삯으로 성인들의 이야기를 엮은 '순교전'이라는 책을 사서 감옥 속이 밝은 때를 이용하여 그 책을 읽었습니다. 축제일에는 감옥에 있는 교회에 나가서 사도행전을 읽기도 하고 성가대에 나가 찬송가를 부르기도 했습니다. 그의 목소리는 여전히 아름다웠습니다.

그러는 사이 형무소 관리들도 악쇼노프의 얌전한 성격을 좋아했고 죄수들 사이

에도 그를 존경해서 그를 '할아버지'라고 부르거나, '하나님의 사도'라고 부르기도 했습니다. 감옥에 대해 죄수들이 무엇을 진정해야 할 일이 있으면 언제나 악쇼노프를 대표로 관리들에게 보냈으며 또 징역을 사는 사람끼리 싸움이라도 있을 땐 언제나 악쇼노프에게 와서 잘잘못을 가려 주기를 바랐습니다.

그의 집에서는 아무 소식도 없었으므로 그는 아내와 아이들이 살아 있는지 죽었는지도 모를 정도였습니다.

어느 날 감방에 새 죄수들이 들어왔습니다. 밤이 되자 먼저 들어와 있던 죄수들은 새로 온 죄수들을 둘러싸고 어느 도시에서 왔느냐, 어느 마을에서 왔느냐 또 무슨 죄로 들어왔느냐고 물었습니다. 악쇼노프는 새로 들어온 사람들 옆에 놓인 나무 침대에 앉아서 고개를 숙이고 누가 무슨 이야기를 하는지 가만히 듣고만 있었습니다. 새로 온 죄수 가운데 나이가 예순 살 가까운 노인이 한 사람 있었는데 그는 잿빛 턱수염을 짧게 깎은, 키가 크고 몸집이 건장한 사람이었습니다. 그는 자기가 붙잡혀 온 이유를 이렇게 말했습니다.

"내가 여기까지 끌려오게 된 건 참으로 억울한 일이었습니다. 어느 마부의 말을 썰매에서 풀고 있으려니까 사람들이 달려와 나를 도둑이라고 몰아세웠지요. 그래서 '나는 좀 빨리 가려고 말을 풀었소. 게다가 마부는 내 친구요. 이제 됐소?'라고 말했지요. 그래도 사람들은 믿지 않고 '아냐, 이놈이 훔쳤다'고 하는 거예요. 그놈들은 내가 어디서 무엇을 훔쳤는지도 잘 모르면서 말이오. 하긴 여러 가지 일이 많았으니 벌써 여기 왔어야 할 몸이지만 현장에서 잡힌 적은 없었거든요. 이번만 하더라도 덮어놓고 여기 처넣는 거예요. 시베리아엔 전에도 왔었지만 오래 있지는 않았다오……."

"그런데 당신은 어디서 왔소?"

하고 죄수 한 사람이 물었습니다.

"나는 블라지미르에서 왔습니다. 거기서 장사를 했는데 내 이름은 마까르라고 하지요. 사람들은 쎄묘노비치라고 나를 존경해서 불렀답니다."

그때까지 잠자코 듣고만 있던 악쇼노프가 갑자기 말했습니다.

"쎄묘노프씨, 당신은 블라지미르에서 악쇼노프라는 상인의 집안에 대해 혹시 들은 적이 없었소? 다들 살아 있는지 어떤지 말이오?"

"들었구말구요! 돈 많은 상인이지요. 그의 아버지 악쇼노프는 억울하게 시베리아에 있지만, 아마 그도 우리 같은 죄인 신세일 거요. 그런데 영감, 당신은 어째서 여기 끌려왔소?"

악쇼노프는 자신의 불행한 과거를 이야기하기를 좋아하지 않았으므로 한숨을 한 번 쉬고 이렇게 말했습니다.

"죄를 짓고 들어왔지요. 벌써 26년이나 이렇게 죄의 값을 치르고 있답니다."

쎄묘노프는 계속해서 물었습니다.

"도대체 무슨 죄를 지었소?"

"그만한 일이 있었지요."

그는 이렇게만 말하고 그 이상은 입을 다물었습니다. 그러나 딴 죄수들은 새로

온 죄수에게 악쇼노프가 시베리아로 오게 된 까닭을 들려주었습니다. 그들은, 여인숙에서 누군가가 장사꾼을 죽인 뒤 그 칼을 악쇼노프의 자루 속에 넣었다는 것과 그 때문에 애매하게 감옥살이를 하게 되었다는 것을 이야기했습니다.

쎄묘노프는 그 말을 다 듣고 나서 악쇼노프를 힐끗 쳐다보더니 두 손으로 무릎을 탁 치고 말했습니다.

"야, 이것 참 이상한 일인데! 정말 이상한 일이야! 당신도 많이 늙었구려, 영감!"

이 광경을 본 죄수들은 모두 묻기 시작했습니다. 왜 무엇 때문에 그렇게 놀랐는가, 어디서 악쇼노프를 만난 일이 있었는가, 하고. 그러나 쎄묘노프는 대답하지 않았습니다. 그는 다만 이렇게 말할 뿐이었습니다.

"이상한 일이지. 여러분들, 사람이란 어디서 다시 만날지 모른단 말이오!"

이 말투에서 악쇼노프는 혹시 이 사나이가 장사꾼을 죽인 범인에 관해서 뭔가 알고 있지나 않을까 하는 생각이 들었습니다. 그래서 그는 물었습니다.

"저어 쎄묘노프씨, 당신은 그때 그 사건에 대해 무슨 말을 들은 것이 있소? 아니면 어디서 날 본 적이라도 있다는 말이오?"

"물론 듣고말고요! 그 소문은 세상에 쫙 퍼졌으니깐요. 하지만 그 사건은 오래된 일이지요. 그러니 들었던 것도 지금은 죄다 잊어버린걸요."

하고 쎄묘노프가 말했습니다.

"혹 그 장사꾼을 죽인 사람이 누구라는 말은 듣지 못했소?"

악쇼노프가 물었습니다.

쎄묘노프는 웃으면서 대답했습니다.

"사람들은 당신 자루 속에서 칼이 나왔으니 그 자루 임자가 바로 범인이라고 말합디다. 예를 들어 다른 사람이 당신의 자루에다 칼을 넣었다 하더라도 그 사람을 붙잡지 못하면 그는 범인이 되지 못하는 것이오. 게다가 어째서 당신의 자루 속에 칼이 있게 되었느냐는 것이오. 강도가 넣었다면 그 자루는 당신 머리맡에 있었기때문에 분명히 무슨 소리를 들었을 텐데 말이외다."

이 말을 듣자 악쇼노프는 이놈이 바로 그 상인을 죽인 범인이 틀림없다고 생각했습니다. 그는 일어나 한 쪽으로 갔습니다.

이 날 밤 악쇼노프는 잠을 이룰 수가 없었습니다. 그는 울적한 기분에 잠겨 여러 가지 지난 일들을 생각했습니다. 아내가 시장으로 가는

자기를 마지막으로 떠나 보내던 때의 모습이 눈앞에 있는 것처럼 보였고, 그녀의 이야기하는 모습과 눈과 목소리와 웃음 소리까지 들리는 것 같았습니다. 또 그의 앞에는 어린 자식들이 그때의 모습 그대로 나타났습니다. 한 아이는 털가죽으로 만든 외투를 입고 또 한 아이는 제 어머니의 품에 안긴 모습으로 말입니다. 그리고 젊고 명랑했던 자기의 옛도습도 떠올랐습니다. 자신이 여인숙 계단에 앉아 기타를 퉁기며 노래하던 일, 거기서 붙잡히던 일, 그리고 그때 그의 기분은 얼마나 좋았던가 하는 것까지 생각해 냈습니다. 또 그는 자기가 매를 맞던 곳이라든가 형리, 주위의 무리들, 죄수들, 26년에 걸친 감옥살이와 자기가 이미 늙어서 머리가 하얗게 변해 있다는 사실까지 생각했습니다. 그러자 정말 견딜 수 없는 울적함이 몰아쳐 왔으므로 죽어 버릴까 하는 생각까지 들었습니다.

'이 모든 것이 그 악당 때문이야.'

라고 그는 생각했습니다.

그는 쎄묘노프에 대한 미운 감정 때문에 자신이 파멸하는 한이 있더라도 그 악당

에게 원수를 갚아야겠다는 생각이 들었습니다. 그는 밤새도록 기도를 올렸지만 마음을 가라앉힐 수가 없었습니다. 낮에도 그는 될 수 있는 대로 쎄묘노프의 곁에는 가까이 가지 않으려 했고 또 그를 바로 보지 않았습니다.

이렇게 해서 두 주일이 지났습니다. 밤마다 악쇼노프는 잠을 이루지 못했고 몸을 어떻게 주체해야 좋을지 모를 정도로 울적한 기분에 사로잡혔습니다.

한번은 그가 밤중에 감방 속을 걷고 있다가 어느 널빤지 침대 밑에서 흙이 쏟아져 나와 있는 것을 보았습니다. 그는 자세히 보려고 걸음을 멈추었습니다. 갑자기

쎄묘노프가 나무 침대 밑에서 튀어나와 깜짝 놀란 듯한 얼굴로 악쇼노프를 쳐다보았습니다.

악쇼노프는 못 본 체하고 지나치려 했습니다. 그러나 쎄묘노프는 악쇼노프의 팔을 잡으면서 말했습니다. 그의 말로는 벽 밑으로 땅굴을 뚫고 있는데 파낸 흙을 매일 같이 장화 속에 넣어서 밖으로 가지고 나가 일터에 나갈 때 내다 버린다는 것이

었습니다. 그리고 쎄묘노프는 이렇게 말했습니다.

"그러니까 당신은 입을 다물어요, 영감. 그러면 탈출할 때, 내가 당신을 데리고 나갈 테니. 당신이 만약에 일러바친다면 나는 매맞아 죽겠지만 그렇게 되기 전에 내가 당신을 죽이고 말겠어."

악쇼노프는 자기의 원수를 보자 화가 치받쳐 온몸을 부들부들 떨면서 손을 뿌리치고 말했습니다.

"나는 탈출할 필요도 없고 또 너는 나를 죽일 필요도 없어. 네놈은 이미 옛날에 날 죽여 버렸기 때문이야. 내가 네놈을 일러바치든 말든, 그건 하나님이 결정해 줄 일이야."

이튿날 이었습니다. 죄수들이 작업에 끌려 나갔는데 병사들은 쎄묘노프가 버린 흙을 발견하고 감방 속을 뒤지기 시작했습니다. 그러자 구멍 하나가 발견되었습니다. 간수장이 감방에 와서 누가 구멍을 팠는가를 죄수들에게 따져 묻기 시작했습

니다. 그러나 죄수들은 아무도 입을 열려고 하지 않았고 쎄묘노프의 짓이라는 걸 알고 있는 사람들도 아무런 말을 하지 않았습니다. 그것은 쎄묘노프의 짓이란 사실이 탄로나면 쎄묘노프는 매를 맞고 반쯤 죽어서 돌아올 것이 뻔했기 때문입니다. 간수장은 악쇼노프에게 얼굴을 돌렸습니다. 악쇼노프가 정직한 사람임을 알고 그는 이렇게 말했습니다.

"영감, 당신은 정직한 사람이오. 하나님 앞이라고 생각하고 내게 말해 주지 않겠소? 누구의 짓이오?"

쎄묘노프는 태연한 얼굴로 간수장의 얼굴을 바라보고 있을 뿐 악쇼노프 쪽은 보지도 않았습니다. 악쇼노프의 두 손과 입술은 부들부들 떨고 있었습니다. 그는 한참 동안 아무 말도 하지 못했습니다. 그는 생각했습니다.

'이 악당놈을 감싸 줘야 하나? 이놈이 내 일생을 망쳐 버렸는데 내가 왜 이놈을 용서해야 한단 말인가? 내가 받은 고통의 대가로 그에게도 고통을 주어야 마땅하다. 그러나 저놈이 범인이라고 하면 틀림없이 그는 곤장을 맞을 것이다. 만일 내가 그를 잘못 의심하고 있다면 그때 나는 어떻게 한단 말인가? 그리고 저놈이 곤장을 맞는다고 해서 내가 시원할 게 뭐 있는가?'

간수장이 다시 한 번 물었습니다.

"자아 어때 영감. 빨리 사실대로 말해주게. 이 구멍은 누가 팠소?"

악쇼노프는 쎄묘노프를 잠시 쳐다보고는 말했습니다.

"저는 보지 못했기 때문에 아무 것도 모릅니다."

이렇게 해서 끝내 구멍을 판 사람은 밝혀지지 않았습니다.

그 이튿날 밤, 악쇼노프가 자기의 나무 침대에 누워서 막 잠이 들려고 하는데 누군가가 옆으로 와서 그의 발치에 걸터앉는 것 같은 소리가 들려왔습니다. 그는 어둠 속에서도 그것이 쎄묘노프임을 알았습니다.

악쇼노프는 말했습니다.

"당신은 아직도 나에게 볼일이 있소? 거기서 무엇 하려는 거요?"
쎄묘노프는 잠자코 있었습니다. 악쇼노프는 몸을 일으키고 말했습니다.
"무슨 일로 왔느냐고 묻지 않소? 어서 돌아가시오! 가지 않으면 간수를 부르겠소."
쎄묘노프는 악쇼노프에게 가까이 다가와 허리를 굽히고 낮은 목소리로 말했습니다.
"악쇼노프, 나를 용서해 주시오!"
악쇼노프가 말했습니다.
"용서라니, 무슨 소리요?"
"내가 그 장사꾼을 죽였습니다. 칼을 당신 자루 속에 넣어 둔 것도 나였어요. 나는 당신까지 죽이려고 했는데 밖에서 무슨 소리가 났기 때문에 당신 자루에다 칼을 넣고 창문으로 달아났던 거예요.'
악쇼노프는 무슨 말을 해야 좋을지 몰라 잠자코 있었습니다. 쎄묘노프는 판자 침대에서 내려오더니 땅바닥에 이마를 대고 말했습니다.

"악쇼노프, 제발 저를 용서해 주십시오. 당신이 용서해 준다고만 하면 그 장사꾼을 죽인 범인이 나라는 것을 밝히겠습니다. 그러면 이제라도 당신은 집으로 돌아갈 수도 있을 것이오."

악쇼노프는 말했습니다.

"당신이 그런 식으로 말하는 건 쉬운 일이오. 그러나 내 고통은 어땠는지 아시오? 이제 와서 내가 어디로 간단 말이오? ……. 아내는 이미 죽었고 아들들은 내 얼굴도 잊어먹고 말았을 것이오. 내가 어디로 가겠소?"

쎄묘노프는 땅바닥에 머리를 조아린 채 일어나지도 않고 울먹이면서 말했습니다.

"악쇼노프, 저를 용서해 주십시오! 난 며칠 전 곤장을 맞았을 때가 지금 당신 앞에 있는 것보다 훨씬 편했습니다. 그런데도 당신은 아직도 나 같은 놈을 불쌍히 생

각하고 나를 위해 아무 말도 하지않았소. 그리스도를 위해 나를 용서하십시오. 아구쪼록 이 죄많은 놈을 용서하십시오!"

하고 그는 흐느껴 울기 시작했습니다.

쎄묘노프의 울음 소리를 듣자 악쇼노프도 울음을 터뜨리며 말했습니다.

"하나님이 당신을 용서하실 것이오. 어쩌면 내가 당신보다도 백 배나 더 나쁜 놈인지도 몰라요!"

이렇게 말하고 나자 갑자기 그의 마음은 가벼워졌습니다. 그래서 그는 집을 생각하며 슬퍼하는 일도 없어졌습니다. 그후로는 감옥에서 아무데로도 나가려 하지 않았고 다만 이 세상의 마지막을 어떻게 맞을 것인가 하는 것만을 생각하였습니다.

쎄묘노프는 악쇼노프의 말을 듣지 않고 자기가 범인임을 밝혔습니다. 그러나 악쇼노프에게 석방 명령이 내렸을 때는 그가 이미 죽은 뒤였습니다.

똑같은 교실에서 똑같은 책으로 공부하는 데도 어린이들 사이에는 많은 차이가 생깁니다. 왜 그럴까요?

한 마디로 정보를 받아들이는 능력의 차이 때문입니다. 책을 읽거나, 다른 사람의 말을 듣고 이해하는 능력. 이것이 바로 학습능력이고, 학습능력에 따라 우리는 우등생이 되기도 하고, 그렇지 못한 어린이가 되기도 합니다.

내용파악

학습 능력을 바꿔서 얘기하면 그 사람의 언어능력이라고 할 수 있습니다. 말을 하거나, 다른 사람이 제시한 정보를 받아들일 때 머리 속으로 언어라는 수단을 이용하여 생각하거나, 그 정보를 처리하게 되기 때문입니다. 따라서 언어능력이 부족한 사람은 386컴퓨터처럼 더디게 이해하거나 아니면 그 정보를 영영 받아들 수 없게 되는 것이지요.

여러분이 읽은 동화의 내용을 얼마나 정확하게 파악하고 있는지 알아보기로 하겠습니다. 각각의 문제들이 요구하는 물음에 정확하게 답해 보세요.

1 아래의 표를 보면서 읽은 내용을 기억해내고 빈 칸을 채워 보세요.

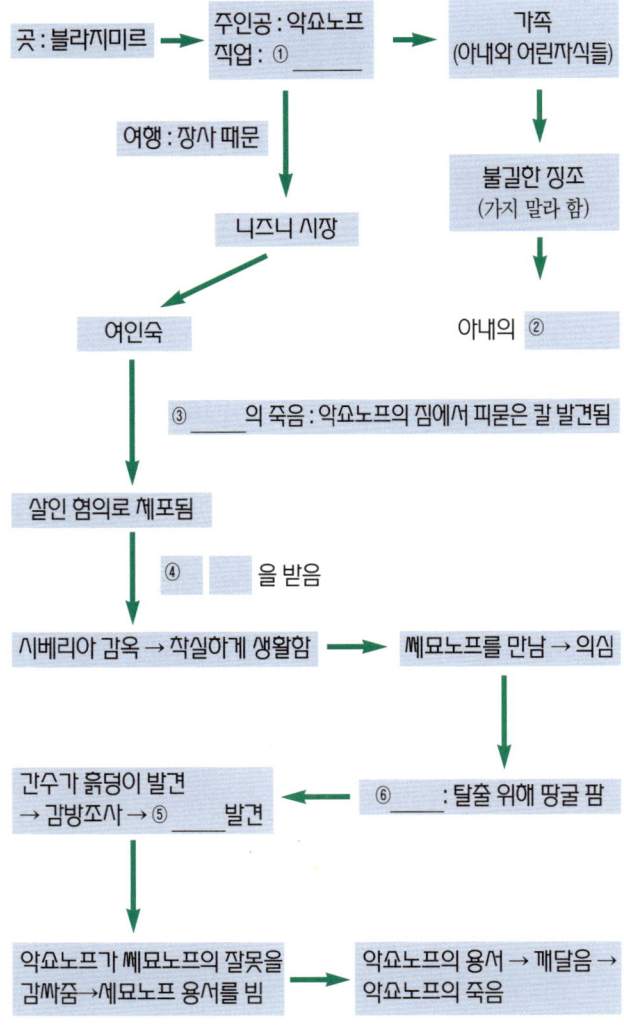

2 악쇼노프가 니즈니 시장으로 떠나려 할 때 아내는 왜 걱정을 했나요?

① 날씨가 좋지 않아서
② 남편이 술을 마시고 사고를 칠까봐
③ 간밤에 남편의 머리가 하얗게 세어 있는 불길한 꿈을 꾸어서
④ 시내에 나갔다가 도둑을 맞을까봐

3 여인숙에서 휴식을 취하던 악쇼노프에게 두 병사를 거느린 관리가 다가온 이유는 무엇인가요?

① 잠꾸러기 악쇼노프를 꾸짖기 위해
② 여인숙 입구에 마차를 세워서
③ 상인이 죽었기 대문에 악쇼노프의 짐을 보기 위하여

4 짐 속에서 관리가 발견한 것은 무엇인가요?

여러분의 머리를 팬티엄 컴퓨터처럼 쌩쌩 돌아가게 만들고 싶은가요? 그렇다면 언어능력을 기르십시오. 언어능력을 어떻게 해야 기를 수 있느냐고요? 평상시에 책을 열심히 읽고 깊이 생각하는 습관을 들이세요.

지금 우리가 하고 있는 공부도 언어 능력을 기르는 아주 중요한 훈련임을 잊지 마시고요.

• 하나님은 진실을 알지만 빨리 말하지 않는다. •

5 악쇼노프는 두 가지 죄목으로 재판을 받게 되었습니다. 그 두 가지 죄는 무엇인가요?

① _____

② _____

6 시베리아로 악쇼노프를 만나러 온 아내가 한 말 때문에 악쇼노프는 세상 사람 그 누구도 자신을 믿어주지 않을 것이란 사실을 깨달았습니다. 아내가 어떻게 했기에 그런 생각을 하게 된 것인가요? 그리고 악쇼노프는 유일하게 자신을 믿어주는 존재가 있는데 그게 누구일 것이라고 생각했나요?

☞ 아내가 어떻게 했나: _____

☞ 악쇼노프를 믿어주는 존재: _____

7 너무 억울하여 악쇼노프는 탄원서를 계속해서 올렸습니다. 그러나 아내가 다녀간 후 그것마저 그만두어 버렸지요. 그 대신 악쇼노프가 매달린 것은 무엇인가요?

....
....
....

8 감옥에서 신발 만드는 기술을 배워 일한 돈으로 악쇼노프가 산 것은 무엇인가요?

① 담요　　　② 책　　　③ 망치　　　④ 십자가

9 악쇼노프는 새로 온 죄수 쎄묘노프 때문에 잠을 이룰 수가 없었고, 항상 울적한 기분으로 그를 미워했습니다. 왜 미운 생각이 들었을까요? 그 이유를 적어 보세요.

....
....
....

10 잠이 오지 않는 어느 날 밤, 악쇼노프는 감방을 거닐던 중 쩨묘노프의 비밀을 발견하게 됩니다. 그것은 무엇인가요?

① 기도　　　② 장화 손질　　　③ 땅굴 팜　　　④ 낙서

11 감방에서 구멍을 발견한 간수장은 죄수들을 세워놓고 가장 정직한 악쇼노프에게 구멍을 판 사람이 누구냐고 물었습니다. 악쇼노프는 고민 끝에 모른다고 대답했지요. 쩨묘노프가 한 짓을 알면서도 그를 감싸준 이유는 무엇인가요?

....
....
....
....
....

12 다음은 이튿날 밤, 악쇼노프의 방을 찾아온 쩨묘노프가 한 말입니다. ( ) 안에 들어갈 말을 써 보세요.

"내가 그 장사꾼을 죽였습니다. 칼을 당신 자루 속에 넣어 둔 것도 나였어요. 악쇼노프, 제발 저를 (　　)해 주세요. 대신 그 장사꾼을 죽인 범인이 나라는 사실을 밝히겠습니다."

앞에서 여러분은 동화에 대해 자세하게 공부한 적이 있습니다. 동화를 크게 다섯 부분으로 나누어 파악할 수 있다는 것도 앞에서 배웠지요.

이 동화를 다섯 개의 문단으로 나누어 볼 수 있을까요? 문단을 나누는 기본 원칙은 내용이 크게 바뀌는 곳을 찾는 것이라고 했지요?

발단 (첫 번째 문단):
처음부터 _____까지

전개 (두 번째 문단):
_____부터 _____까지

위기 (세 번째 문단):
_____부터 _____까지

절정 (네 번째 문단):
_____부터 _____까지

결말 (다섯 번째 문단)
_____부터 _____까지

줄거리 요약하기

여러분이 나눈 것이 맞는지 함께 다음과 비교해 보세요.

발단 (첫 번째 문단) 처음부터 장사를 하러 떠나기 전까지

전개 (두 번째 문단) 꿈 이야기를 하며 아내가 말리는 데서부터, 장사를 떠나는 데까지.

위기 (세 번째 문단) 도둑 누명을 쓰고 감옥에 갇힌 악쇼노프의 생활

절정 (네 번째 문단) 쎄묘노프의 등장부터 감옥에 구멍을 판 일로 쎄묘노프를 감싸주는 데까지.

결말 (다섯 번째 문단) 밤에 찾아와 쎄묘노프가 용서를 구하는 데서부터 마지막까지

각 문단별 줄거리를 요약하는 대신 다음에 제시한 동화의 줄거리를 보면서 순서를 바로 잡아 보기로 하겠습니다. 이야기의 순서대로 번호를 써넣어 보세요.

( )―( )―( )―( )―( )―( )―
( )―( )―( )―( )―( )―( )

1. 악쇼노프 덕에 위기를 넘긴 쎄묘노프는 자기의 잘못을 밝혀 용서를 빈 후 악쇼노프가 석방되도록 해준다.
2. 어느 여름 날, 장사를 하기 위해 시장으로 떠나려는데 아내가 꿈 이야기를 하며 떠나지 말 것을 권한다.
3. 상인을 죽인 범인이 바로 쎄묘노프라는 사실을 알게 된 악쇼노프는 분노가 치밀어 오른다.
4. 블라지미르에 제일 가는 호남아로 노래도 잘 부르는 악쇼노프라는 젊은 상인이

있었다.

5. 시장으로 가던 남편은 잘 아는 상인을 만나 같이 여인숙에 머문다.
6. 그 후, 감옥에 갇힌 악쇼노프는 착실하게 생활하여 죄수들로부터 '하나님의 사도'라는 칭찬을 받는다.
7. 하지만 악쇼노프는 탈출하기 위해 땅굴을 파던 쎄묘노프가 간수들에 의해 발각되자 그의 잘못을 감싸 준다.
8. 그러나 악쇼노프는 이미 숨을 거둔 뒤였다.
9. 그러던 중 악쇼노프는 블라지미르에서 왔다는 새로운 죄수 쎄묘노프를 만난다.
10. 그러나 남편은 개의치 않고 집을 나선다.
11. 다음 날, 옆방 상인의 죽음으로 조사를 받던 악쇼노프의 짐 속에서 피묻은 칼이 발견되어 누명을 쓴 채 시베리아 감옥에 갇힌다.
12. 시베리아로 면회를 온 아내에게서조차 의심을 받은 악쇼노프는 아무도 자신을 믿어주지 않으리라는 것을 알고 억울함을 탄원하는 것조차 그만두고 하나님에게 기도하며 자비를 구한다.

지혜 쌓기

지혜쌓기 1.

악쇼노프가 장사를 하기 위해 떠나려 할 때, 아내는 불길한 꿈을 꾸었다는 이유로 악쇼노프에게 떠나지 말라고 권합니다. 악쇼노프는 오히려 그 꿈이 좋은 징조라면서 길을 떠나 버리지요. 이것을 바탕으로 두 사람의 성격을 말해 보세요.

☞ 악쇼노프:

☞ 부인:

지혜쌓기 2.

이 작품은 러시아의 위대한 작가 톨스토이가 쓴 것입니다. 문학 작품에는 그 나라 사람들의 정서가 배어 있게 마련이지요. 부인을 통해 러시아 사람들은 꿈을 현실에서 일어날만한 일의 어떤 징조 같은 것이라고 생각한다는 사실을 알 수 있습니다. 우리 민족 또한 꿈을 그렇게 생각하고 있습니다. 여러분은 어떻습니까? 꿈에 대한 자기의 생각을 이야기해 보세요. 자기의 의견을 이야기할 때는 왜 그렇게 생각하는지 이유를 꼭 밝혀야 한답니다. 또 꿈과 현실이 맞아 떨어진 적이 있지는 않습니까? 있었다면 그것을 소개해 보세요.

☞ 내가 생각하는 꿈:

☞ 그렇게 생각하는 이유:

☞ 꿈과 현실이 맞아떨어진 경험:

지혜쌓기 3.

아내가 다녀간 뒤로 악쇼노프는 자신의 무죄를 증명하기 위한 그 어떤 노력도 하지 않습니다. 다만 하나님께 기도하며 자비를 구할 뿐이었지요. 이것이 과연 바람직한 선택이었을까요? 그에 대한 여러분의 생각을 말해 보세요. 그리고 만약에 여러분이 악쇼노프였다면 어떻게 했겠습니까? 상상하여 써 보세요.

☞ 모든 것을 체념해 버린 악쇼노프에 대한 나의 생각:

....

....

....

....

☞ 만약 내가 악쇼노프와 같은 입장이었다면 어떻게 했을까?:

....

....

....

....

지혜쌓기 4.

모든 글에는 주제가 있습니다. 주제란 글쓴이가 독자들에게 전달하고자 하는 중심 생각이지요. 그렇다면 톨스토이가 여러분에게 전해주려는 생각은 무엇일까요?

예. 맞습니다. 용서지요. 참다운 용서. 용서는 기독교의 가장 중심이 되는 사상 중 한 가지이기도 합니다.

여러분, 참다운 용서는 말처럼 쉬운 것이 아니랍니다. 나의 모든 것을 망쳐 버린 원수를 완벽하게 용서하는 것이 어떻게 말처럼 쉽겠습니까. 하지만 악쇼노프는 그것을 해내고야 말았지요.

여러분은 어떤가요? 친구가 고자질을 하거나, 다른 아이들에게 나에 대해 안 좋은 이야기를 하여 앙심을 품었던 적이 있나요? 단약 나에게 해를 끼친 친구에게 똑같이 앙갚음을 해주면 어떤 결과가 초래될까요? 반대로 용서를 해주었다면요?

아마도 앙갚음을 해주었다면 서로에게 상처를 주는 보복이 끝을 물고 이어지겠지요. 만약 용서를 해준다면 용서받은 친구의 마음을 얻을 수 있지 않을까요?

그러나 이것 또한 말처럼 그렇게 쉬운 일은 아닙니다. 여러분은 이제 얼마 안 있으면 초등학교 시절을 끝내고 상급학교에 진학하게 될 것입니다. 몸뿐만 아니라 정신까지 성숙해 가는 것이지요. 어른이 된다는 것. 그것은 용서하는 마음을 조금씩 태워가는 것이 아닐까, 생각해요.

아무쪼록 따뜻한 마음을 가진 여러분이 되었으면 좋겠군요.

독 서감상문의 가운데 부분은 감상이 대부분을 차지합니다. 그와 함께 감상의 근거가 되는 줄거리가 함께 제시되어야 합니다. 줄거리는 앞에서 함께 요약해 보았으므로 여기서는 감상을 쓰는 방법에 대해 설명해 보겠습니다.

집중 탐구

독서감상문 쓰기 - 가운데 부분 쓰기

1. 감상이란?

앞에서 감상은 느낌과 생각이라고 말했었지요. 좀더 자세히 풀어서 이야기하자면 어떤 것을 보고 마음 속에서 자연스럽게 느껴 일어나는 생각을 감상이라고 합니다.

애국가를 예로 들어보기로 해요. 일제 시대의 이야기를 다룬 영화를 보고 난 뒤에 듣는 애국가에 대한 감상은 어떨까요? 머나먼 타국에 나가 있는 사람이 라디오에서 흘러나오는 애국가를 문득 듣게 되었을 때의 감상은요? 평상시의 우리들이 듣는 애국가에 대한 감상과는 다른 특별한 무언가가 있을 것입니다.

이처럼 똑같은 대상인데도 그 사람이 처해 있는 환경이나 마음 자세에 따라 감상은 달라질 수 있습니다.

2. 독서 감상을 쓰는 방법

여러분, 영화 좋아하나요?

영화를 한 편 보다 보면 특별히 내 마음 속에 감

동이나 분노 같은 특별한 감정을 불어넣어 주는 장면이 있습니다. 그런 장면이 딱 한 군데일 수도 있고, 여러 군데일 수도 있지요. 무엇에 대한 감상을 이야기할 때는 사소한 부분을 모두 빼고, 영화에서처럼 특별한 감정을 느끼게 해준 부분에 대해서만 나의 감상을 이야기합니다.

독서감상문을 쓸 때도 마찬가지입니다. 글을 읽다 보면 특별한 감정을 느끼게 해주는 부분이 있지요. 앞에서 읽은 '하나님은 진실을 알지만 빨리 말하지 않는다'를 예로 든다면, 악쇼노프가 누명을 쓰는 장면이나 쎄묘노프의 고백을 듣고 악쇼노프가 용서해 주는 장면에서 여러분은 여러 가지 생각을 해보았을 것입니다.

악쇼노프가 누명을 쓰는 장면에 대한 감상을 쓴다면 어떻게 해야 하는지 함께 생각해 보기로 해요.

그 장면을 읽을 때, 여러분은 어떤 생각을 했나요?

> - 악쇼노프가 너무 불쌍해...
> - 악쇼노프를 체포한 경찰서장, 정말 싫다.

이렇게 즉흥적인 생각이 여러분의 마음속에서 자연스럽게 느껴 일어났을 것입니다. 하지만 독서감상문의 감상은 이렇게 단순한 느낌의 나열이어서는 안됩니다. 즉흥적인 생각을 씨앗 삼아 여러분의 깊고 다양한 생각을 꽃피울 수 있어야 합니다.

> ─악쇼노프가 불쌍하다.─왜 불쌍하지?─억울하게 누명을 썼으니까.─누명을 쓴 악쇼노프는 마음이 어땠을까?─답답해서 가슴이 터져 버릴 것 같았을 거야.─그런데 그런 일이 정말 일어날 수도 있는 건가?─맞아, 얼마 전에 텔레비전에서 봤어.─ 범인이 따로 있는 데 도둑 누명을 쓰고 감옥에 갇힌 사람 말야.─ 그 사람은 인생을 망친 거야.─그러고 보니 작년에 우리 반에서도 그런 일이 있었 지.─ 도둑 누명처럼 큰 일은 아니지만 선생님이 교실 화분을 깨뜨린 사람이 나서지 않자, 말썽꾸러기 종욱이를 다그치셨잖아.─종욱 이는 기가 막히고 억울했던지 닭똥 같은 눈물을 흘리면서 자기는 그러지 않았다고 소리쳤잖아.─그건 분명히 선생님이 잘못 한 일이야, 증거도 없이 종욱이를 의심하셨으니까.─그럼 결국 악쇼노프를 체포한 경찰관하고 선생님이 같은 잘못을 저지른 거네?─ 두 사람은 생각을 깊이 하지 않아서 그런 잘못을 저지른 거야.─그 리고 종욱이와 악쇼노프를 존중하는 마음이 없었던 거고,─결국 다른 사람을 업신여기고, 가볍게 여기는 마음 때문에 억울한 누명 을 쓰게 되는 거지….

악쇼노프가 불쌍하다고 느꼈다면 이렇게 생각을 전개해 볼 수 있을 것입니다.
    이렇게 깊고 폭넓게 생각을 전개해 본 후에 자기가 생각한 것을 조리 있게 정리하면 훌륭한 감상이 되는 것이지요. 다음 글처럼 말입니다.

>   악쇼노프가 누명을 쓰고 감옥에 가는 장면을 보면서 나는 가슴이 너무 답답하여 책을 팽개쳐 버리고 싶은 심정이었다. 졸지에 살인자가 되어 버린 악쇼노프는 혀를 깨물고 싶을 만큼 억울하고, 경찰서장이 원망스러웠을 것이다. 얼마 전에도 악쇼노프가 당한 일과 비슷한 누명을 쓴 사람의 이야기가 텔레비전에 나왔는데, 이걸 보면 이처럼 어이없는 일들이 우리 주변에서 얼마나 많이 일어나고 있는가를 알 수 있다. 하긴 작년에

우리 반에서도 살인 누명 같이 큰 일은 아니지만 말썽꾸러기 종욱이가 깨뜨리지도 않은 화분 때문에 선생님에게 의심을 받은 적이 있다. 이렇게 억울할 때, 마음을 그대로 꺼내 보여줄 수 있으면 얼마나 좋을까. 사실 악쇼노프나 종욱이가 당한 일은 언제 나에게 일어날지 모르는 일이기도 하다. 남의 말을 믿지 않고 무조건 의심하는 사람들에게는 남을 업신여기고, 가볍게 여기는 마음이 있는 게 분명하다. 그런 경솔함 대문에 다른 사람이 얼마나 큰 고통을 당하게 되는지 알았으건 좋겠다.

3. 친구는 이렇게 했어요.

지금부터 '하나님은 진실을 알지만 빨리 말하지 않는다'를 읽은 슬아가 어떻게 해서 감상글을 완성했는지 그 고정을 살펴보도록 하겠습니다. 여러분도 슬아를 따라 감상글 쓰기에 도전해 보세요.

① 그때그때의 느낌을 메모해요.

한편의 글을 읽다 보면 찡한 감동이나 여러 가지 생각을 해보게 만드는 장면들이 참 많이 나옵니다. 그런 장면이 나올 때마다 슬아는 간단하게 메모를 해두었답니다.

다음처럼 말입니다.

- ▶ 악쇼노프가 살인 누명을 쓰고 감옥에 갇히는 장면
  - ☞ 세상에! 말도 안 돼! 악쇼노프가 너무 불쌍하고, 그에게 누명을 씌운 사람들이 너무 미워.

- ▶ 아내에게마저 의심을 받고 자신의 무죄를 증명하기 위한 노력을 아무 것도 하지 않게 된 악쇼노프…
  - ☞ 물에 빠진 사람은 지푸라기라도 잡는다고 했는데, 악쇼노프는 왜 저렇게 나약하게 포기해 버리는 거지?

- ▶ 악쇼노프가 탈옥하기 위해 동굴을 파던 쎄묘노프를 감싸주고, 결국 그를 진정으로 용서해 주는 장면
  - ☞ 나라면 그렇게 할 수 있을까? 내가 미쳤어? 내 인생을 망친 놈을 어떻게 용서해. 악쇼노프는 정말 바보다.

여러분 슬아가 책을 읽으면서 감상을 이야기할 만한 장면을 골라 간단하게 자기 느낌을 적었는데요, 읽어보니 아무 것도 아니지요? 여러분도 얼마든지 할 수 있답니다.

다음 장에서 여러분 나름대로 감상을 이야기할 만한 장면을 골라 그에 대한 느낌을 간단하게 적어 보세요.

- ▶ 감상을 이야기할 만한 장면1:
  - ☞ 간단한 나의 느낌 :

▶ 감상을 이야기할 만한 장면2:

　　☞ 간단한 나의 느낌 :

▶ 감상을 이야기할 만한 장면3:

　　☞ 간단한 나의 느낌 :

② 간단한 느낌을 씨앗 삼아 나의 생각을 키워요

슬아는 책을 모두 읽고 난 뒤에 독서감상문을 쓰기 위해 노트를 펴고 책상에 앉았어요. 먼저 처음 부분을 어떻게 써야할지 결정한 후, 처음 부분과 줄거리까지 썼답니다. 이제 가장 중요한 부분이 남았지요? 바로 감상입니다.

감상을 쓰기 위해서는 앞에서 얘기한 것처럼 간단한 느낌을 씨앗삼아 나의 생각을 깊고 폭넓게 키워갈 줄 알아야 해요. 여기서는 악쇼노프가 쎄묘노프를 진정으로 용서하는 장면에 대해 슬아가 어떻게 생각을 키워 갔는지만 소거해 보기로 하겠어요.

> 악쇼노프가 탈옥하기 위해 동굴을 파던 쎄묘노프를 감싸주고, 결국 그를 진정으로 용서해 주는 장면

☞ 생각 키우기

    나라면 그렇게 할 수 있을까? 내가 미쳤어? 내 인생을 망친 놈을 어떻게 용서해. 악쇼노프는 정말 바보다. 나를 망친 사람을 어떻게 용서한단 말인가… 하지만 용서라는 말은 아주 좋은 뜻을 가진 말 아닌가? 잘못을 덮어주고, 상대에게 너그럽게 대해주는 것이 용서다… 내가 무언가를 잘못했다면? 나는 물론 용서를 바랄 것이다. 상대가 용서해 주지 않으면? 뭐 벌을 받거나, 그 사람과 원수가 되겠지. 그러고 보니 생각나는 속담이 있군. '이에는 이! 눈에는 눈!'… '비는 데는 무쇠도 녹는다!'… 사실 악쇼노프 입장에서는 살인자 쎄묘노프를 죽여도 시원치 않았을 것이다. 하지만 악쇼노프는 쎄묘노프의 진심을 보았는지도 모른다. 그 또한 죄를 짓고 모르긴 해도 많이 괴로워했을 것이다. 그랬기에 악쇼노프에게 진심으로 용서를 구할 수 있었을 것이다. 사실 수없이 많은 세월이 흘렀기 때문에 쎄묘노프가 오리발을 내밀면 누가 진범인지 가릴 수 없었을 것이다. 그런데도 쎄묘노프는 자기의 죄를 고백하고 진심으로 용서를 구한 것이다. 정말 한 사람을 죽였고, 또 한 사람의 일생을 완전히 망쳐 놓았기에 쎄묘노프의 죄는 용서받을 수 없는 것이었다. 하지만 그의 진정어린 고백과 용서를 구하는 태도가 악쇼노프를 움직인 것이다. 자기의 죄를 고백한 쎄묘노프나 그를 용서해준 악쇼노프나 정말 어려운 선택을 한 것 같다.

    진심으로 용서를 빌고, 다른 사람의 죄를 용서해 줄줄 아는 너그러움. 이것이 내가 배울만한 점 아니었을까?

    슬아가 전개한 생각을 읽어보았습니다. 생각을 전개하다 보니 아주 깊숙한 곳까지 생각해 볼 수 있었지요? 여러분도 슬아처럼 해 보기 바랍니다. 여러분이 고른 감상거리 중 아무 거나 골라서요.

■ 나의 생각 키우기

장면

☞ 생각키우기

• 하나님은 진실을 알지만 빨리 말하지 않는다.

③ 감상 부분은 독립된 한 편의 글이에요

앞에서 슬아는 처음 부분과 줄거리를 이미 써놓았다고 했습니다. 이제 남은 것은 감상 부분과 끝 부분이에요.

그런데 감상 부분은 그것 자체가 한 편의 글처럼 씌어져야 한답니다.

슬아가 어떻게 했는지 살펴볼까요?

슬아가 감상을 써야겠다고 생각한 장면은 모두 셋이었어요.

> ➡ 악쇼노프가 살인 누명을 쓰고 감옥에 갇히는 장면
> ➡ 아내에게마저 의심을 받고 자신의 무죄를 증명하기 위한 노력을 아무 것도 하지 않게 된 악쇼노프…
> ➡ 악쇼노프가 탈옥하기 위해 동굴을 파던 쎄묘노프를 감싸주고, 결국 그를 진정으로 용서해 주는 장면

셋을 한꺼번에 쓸 수는 없으니까 먼저 순서를 정했어요. 순서는 쓰는 사람이 정하기 나름인데요, 슬아는 그냥 줄거리의 순서대로 쓰기로 했답니다.

순서가 정해지자, 슬아는 고민에 빠졌답니다.

모든 글에는 나타내려는 중심 생각이 있어야 하는데 감상글 속에 어떤 생각을 나타내야 할지 얼른 정할 수가 없었거든요. 슬아는 두 가지를 놓고 어느 것을 중심생각으로 정할까, 고민하고 있었던 거예요.

> 중심생각 1 : 다른 사람을 업신여기거나 무시하지 말자.
> 중심생각 2 : 다른 사람의 잘못을 용서해 줄줄 아는 너그러운 아이가 되자

슬아는 오랜 고민 끝에 두 번째 것을 감상글의 중심생각으로 정했어요. 우리 모두 슬아가 쓴 가운데 부분의 글을 읽어보기로 해요.

'너그러운 사람이 되자'
- 하나님은 진실을 알지만 빨리 말하지 않는다 '를 읽고

일산 문화초교 6년 **유슬아**

교회에 가면 원수를 사랑하라는 말을 종종 듣는다. 하지만 나는 지금까지 그 말을 무시해 왔다. 그냥 성경에 적혀 있는 말이니까 목사님이나 전도사님이 그렇게 말씀하시는 거겠지, 라고 생각했다.

원수를 사랑하는 바보 같은 사람도 있을까? 그런데 나는 오늘 그런 사람을 책 속에서 만났다. 악쇼노프 바로 그 사람이었다. 자신을 평생 감옥에서 지내게 만든 원수를 너그럽게 용서한 악쇼노프였다. 정말 바보 같은 사람인데, 이상하게 책을 다 읽은 뒤에 마음 속이 뭉클해지면서 악쇼노프가 과연 바보일까? 의문을 갖게 되었다. 바보이기는커녕 예수님의 사랑을 그대로 실천한 악쇼노프의 아름다운 모습을 보면서 나는 참으로 많은 생각을 해 보았다. (처음)

이 동화는 돈많은 상인 악쇼노프가 장사를 하기 위해 집을 떠나는 데서부터 시작된다. 집을 떠난 뒤 잘 아는 상인과 함께 여인숙에서 하룻밤을 보내게 되는데, 그만 함께 온 상인이 괴한에게 살인을 당하면서 악쇼노프가 누명을 쓰게 된다. 억울하지만 무죄를 증명할 길이 없었기 때문에 악쇼노프는 감옥에서 평생을 보내게 된다. 감옥에서나마 착실하게 생활하여 다른 이들의 존경을 받고 있던 악쇼노프 앞에 어느 날, 쎄묘노프가 나타난다. 쎄묘노프는 여인숙에서 상인을 죽인 범인이었다. 뒤늦게 그 사실을 알게 된 악쇼노프는 끓어오르는 분노를 견딜 길이 없었으나, 자기의 죄를 고백하고 용서를 구하는 쎄묘노프를 진정으로 용서하게 된다. 그리고 그는 감옥에서 일생을 마감한다.(줄거리)

　악쇼노프가 살인 누명을 쓰고 감옥에 갇힐 때 나는 화가 나서 책을 덮어 버리고 싶었다. 세상에 이런 엉터리가 어디 있단 말인가. 죄를 짓지 않았는데, 어떻게 감옥에 사람을 가두어 평생을 보내게 하는 것인지 아무리 생각해도 이해가 되지 않았다. 그러고 보니 5학년 때의 일이 생각난다. 어느 날, 명화가 내게 오더니 느닷없이 화를 내는 것이었다. 친구들에게 왜 자기에 대해 안 좋은 얘기를 하고 다니느냐는 것이었다. 하지만 나는 명화에 대해 아무 말도 한 것이 없었다. 그때 얼마나 억울하고, 명화와 그런 말을 퍼뜨린 친구들이 밉던지… 그것만 보더라도 중요한 일을 결정할 때는 다른 사람의 입장을 깊이 생각하고, 신중에 신중을 기해야 한다는 것을 알 수 있다. 모든 사람들이 그렇게만 된다면 악쇼노프 같은 불행한 사람은 더 이상 생기지 않을텐데…
　다른 사람은 그렇다고 쳐도 아내마저 악쇼노프를 의심한 것은 내가 생각해도 화가 나는 일이었다. 어떻게 아내가 남편을 믿어주지 않는단 말인가. 아무리 그렇다고 해도 악쇼노프는 또 왜 그렇게 나약한 것인지 모를 일이었다. 죄가 없으니 무죄를 탄원하는 것은 당연하다. 그런데도 그는 자포자기하여 감옥 생활을 운명으로 받아들이고 만다. 어떻게 그렇게 간단하게 자기를 포기할 수 있는 건지 생각하고 또 생각해도 이해가 되지 않았다. 하긴 나도 그런 말을 할 자격이 없는 아이인지도 모르겠다. 5학년 때 그 일로 아직까지 명화와 사이가 좋지 않으니 말이다. 고집불통처럼 내 말을 믿어주지 않는 명화를 바라보다가 나는 화가 나서 돌아서 버렸다. 이게 악쇼노프처럼 나를 포기한 게 아니고 뭐란 말인가. 그때 좀더 적극적으로 달려들어 그런 말을 한 아이가 누구인지 알아내어 진실을 밝혔다면 명화와 친하게 지낼 수 있었을 텐데... 하지만 진실을 밝히지 못했다는 아쉬움보다 나를 의심한 명화를 용서할 수 없다는 마음이 더 강한 것을 보면 나도 악쇼노프처럼 어리석은 사람인 것 같다.

이 동화의 제목은 '하나님은 진실을 알지만 빨리 말하지 않는다'이다. 제목처럼 상인을 죽인 범인이 밝혀진 것은 악쇼노프가 할아버지가 되어버린 다음이었다. 그때까지도 감옥에 갇혀 있던 악쇼노프는 범인이 쎄묘노프라는 것을 알았지만 진심으로 용서를 구하는 그를 용서해 주고 만다. 원수를 용서해 준 악쇼노프... 처음엔 악쇼노프가 너무 어리석고 미련한 것 같아 화가 많이 났지만 곰곰이 생각해 보니 악쇼노프를 이해할 수 있을 것 같았다. 이제 와서 원수를 갚고, 화를 내면 뭐한단 말인가. 이미 엎질러진 물을 다시 담을 수 없듯 악쇼노프의 일생도 돌이킬 수가 없었던 것이다. 악쇼노프는 쎄묘노프를 용서해 줌으로 해서 세상 모든 사람들에게 자신의 무죄를 증명할 수 있었고, 마음의 안식을 얻을 수 있었다. 악쇼노프에 비해 명화와 내가 가지고 있는 미움은 아주 작은 것이다. 그렇게 작은 것도 용서해 줄줄 모르는 내가 너무 쩨쩨한 아이 같다고 생각했다. 그때 명화를 용서하고 오해를 풀었다면 아주 소중한 친구 하나를 얻을 수 있었을 텐데... 악쇼노프처럼 너그러운 마음. 그런 마음을 가진 아이가 되고 싶다.

여러분, 슬아가 글을 아주 잘 썼지요?
이처럼 자신의 생활과 연관지어 가며 깊은 감상을 해볼 수 있어야 하겠습니다.

이제 여러분이 글을 쓸 차례인데요. 여러분은 처음 부분과 줄거리를 생략하고 감상글만 써 보도록 하세요. 너무 어려울 것 같다고요? 그래도 상관없습니다. 슬아는 벌써 6년째 글쓰기 공부를 하고 있는 아이랍니다. 그 아이도 처음엔 글을 잘 쓰지 못했지요. 글이라는 건 자꾸 써야 느는 것이지요.

나의 감상글

제 **4** 편

양초로 국끓인 사람들
(전래동화)

양초로 국 끓인 사람들

– 전래동화 –

시골은 물론 서울에도 전깃불이 환하게 켜지기 전의 이야기이다. 아니, 그보다 훨씬 오래 전, 그러니까 시골 사람들은 호롱불 밖에 모르던 시절에 있었던 이야기

이다.

서울에 사는 사람들은 양초를 켜고 살았지만 시골 사람들은 아직 모르고 있던 어느 날이었다.

시골의 농부 한 사람이 서울 구경을 오게 되었다. 그 당시의 서울은 지금과는 비교할 수 없을 만큼 초라했지만 농부는 입을 다물 줄 몰랐다. 큰 기와집도 많았고 갖가지 물건을 파는 가게들이 즐비했던 것이다.

"서울은 정말 없는 물건이 없구나."

농부는 이 가게 저 가게를 기웃거리며 구경하기에 바빴다. 말로만 들어보았던 물건을 실제로 보고 만져볼 수도 있다는 것이 꿈만 같았다.

그러다 양초를 파는 가게 앞에 이르게 되었다. 물론 처음 보는 물건이었으며, 어디에 쓰이는지조차 농부는 알지 못했다.

'가래떡처럼 하얗고 긴 저것은 뭘까?'

농부는 주인에게 물어보기로 하였다. 시골 사람 아무도 모르는 물건을 알고 가야만 서울에 갔다온 자랑을 할 수 있다고 여긴 것이다.

"주인장, 이건 뭐 하는 겁니까?"

"처음 보는 모양이구먼요. 하긴 나온 지가 얼마 안 되었으니 모를 수도 있지요."

주인은 시골에서 올라온 농부라는 걸 알고 친절하게 가르쳐 주었다.

"양초라고 하는데 여기 심지에 불을 붙이면 아주 환해지지요. 들 기름을 붓지 않아도 호롱불보다 밝아요. 서울 사람들은 모두 호롱불 대신 이 양초를 쓴다오."

"그것 참 신기하군요. 기름도 없는데 불이 켜진다니 말이오."

"세상이 좋아진 거 아닙니까."

"우리 시골에서도 쓸 수 있단 뜻이지요?"

"그렇지요."

농부는 있는 돈을 다 털어 양초를 샀다. 서울 구경을 다녀온 자랑으로 무엇인가 보여줘야 하는데 아무도 모르는 신기한 물건을 나눠주는 것이 좋겠다고 여긴 것이다.
 농부는 시골로 돌아오자마자 집집마다 돌아다니며 자랑을 했다.
 "내가 서울에 가서 얼마나 신기한 것들을 많이 보고 왔는지 들으면 자네 깜짝 놀랄 거야. 자, 들어보라고."
 농부는 자랑할 것이 너무 많아 정신이 없었다. 그러는 중에도 마음속으로는 이렇게 작정하고 있었다.
 "가장 중요한 이야기는 맨 나중에 해줘야 더 신기할 거야.'
 이렇게 생각한 농부는 이런저런 자랑을 다 늘어놓은 다음, 일어서면서 말했다.
 "내 서울 구경한 기념으로 자네에게 줄 선물을 하나 사왔네. 아직 까지 보지 못한 물건이니 깜짝 놀랄 거야."
 농부는 혼자 신이 나서 떠들며 초를 꺼냈다.
 "자, 바로 이거야. 어떤가, 너무 신기하지? 그럼 나는 그만 갈 테니 잘 쓰게."
 농부는 자기 혼자 기분이 좋아서 이 집 저 집을 돌아다니며 서울 구경한 자랑을

하고, 마지막에는 양초를 한 자루씩 선물로 주었다. 양초라는 물건이 무엇을 하는 것이며 어떻게 사용하는지는 가르쳐주지 않은 채 온 동네를 돌며 나눠준 것이다.

선물을 받은 마을 사람 하나가 양초를 들고 고개를 갸웃거렸다.

'내 정신 좀 봐. 이 좋은 것을 어디에 쓰는지 못 물어 보았군. 그 사람도 그렇지. 처음 보는 물건이면 가르쳐 줘야 할 게 아닌가.'

그는 서울 구경을 한 능부에게 물어보기 위해 대문을 나섰다. 몇 걸음 옮기던 그 사람은 멈춰 서서 이렇게 생각했다.

'그 사람에게 물으러 가고 싶지가 않구먼. 내가 가면 또 자랑을 얼마나 할는지······.'

아직 서울 구경도 한 번 못했는데 이것이 어디에 쓰는 물건인지 묻는다는 게 자존심 상했기 때문이다.

'자기나 나나 얼마나 차이 난다고 어찌나 뻐기는지, 꼴사나워서······. 그까짓 돈 좀 들여 서울 구경 한 번 했다고 너무 잘난 체 하더라고. 차라리 서당 훈장님께 가서 물어보는 것이 좋겠다. 훈장님은 진짜로 똑똑하시잖아.'

이렇게 생각한 그는 양초를 들고 훈장님 집으로 갔다. 그런데 훈장님 집에는 먼저 온 마을 사람들이 가득 차 있었다.

"자네도 선물 받았구먼?"

훈장님 집에는 마을 사람들이 모두 양초 한 자루씩을 들고 모여 있었다. 양초를 어떻게 사용하는지 물으러 가면 또 자랑을 늘어놓을 것 같아 훈장님께 물어보려고 모였던 것이다.

그런데 문제는 훈장님도 처음 보는 물건이라는 점이었다. 시골에서 글만 가르치고 있었으므로 처음 나온 물건에 대하여 모를 수도 있는 일인데, 훈장님은 솔직하게 모른다고 할 수가 없었다. 훈장님은 모르는 것이 없는 분이라 여기는 마을 사람들에게 차마 말할 수 없었기 때문이다.

　훈장님은 사람들이 가지고 온 양초를 이리저리 훑어보았다. 한참만에 훈장님은 이렇게 말했다.
　"이것은 바다 깊은 곳에 사는 뱅어라는 물고기군."
　"뱅어요? 그런 물고기도 있습니까?"
　"있고말고. 여기가 주둥이고, 여긴 뱅어의 똥구멍인데, 소금에 절여 말렸구먼."
　훈장님은 양초의 심지와 밑의 구멍을 가리키며 그럴듯하게 꾸며대었다.
　"어떻게 해 먹는 것이 좋습니까?"
　"물을 많이 부어 국을 끓이면 영양가가 많아 건강에 좋지."
　마을 사람들은 훈장님의 말을 듣고 좋아했다. 이 때 한 사람이 이런 제안을 하였다.
　"기왕이면 여기서 한꺼번에 끓여 먹는 것이 어떻겠습니까? 아무래도 처음 하는

요리라서……."

이 말을 들은 다른 사람들도 모두 찬성했다. 처음 보는 물고기를 집에 가서 혼자 끓이기에는 겁이 났던 것이다.

"그것도 괜찮은 방법이구먼."

마을 사람들은 훈장 부인을 도와 국을 끓였다. 초를 동강내어 솥에 넣고 고추장, 된장, 파, 마늘 같은 양념을 넣어 끓였다.

촌장 부인은 다 끓인 국을 가져오며 이렇게 말했다.

"이 물고기는 창자가 정말 질기네요."

그러자 훈장님이 아는 체를 하였다.

"뱅어란 원래 창자가 질긴 것이라오."

이들이 말하는 창자란 양초의 심지를 가리키는 것이었다.

마을 사람 중의 하나가 기름이 둥둥 떠있는 촛국을 보고 말했다.

"서울 사람들은 이렇게 귀한 고깃국을 매일 먹으니 얼굴이 부옇고 살이 찌는가 보네요."

이 말에 다른 사람들도 맞장구를 쳤다.

"그렇지요. 이렇게 기름기 많은 음식은 몸에 좋거든요."

이리하여 훈장님과 마을 사람들은 둘러앉아 촛국을 후루룩후루룩 마셨다.

"그런데, 고깃국이 어째 아무 맛도 없고 목만 칼칼하네요."

마을 사람 하나가 고개를 갸웃거리며 묻자 훈장님이 나무라듯 말했다.

"예로부터 몸에 좋은 약은 입에 쓰다는 말도 모르나?"

마을 사람들은 이 말을 듣고 이마를 찡그리면서도 촛국을 후루룩 마셔버렸다.

이때, 서울에 갔다 온 농부가 훈장님 집을 찾아왔다.

"모두 여기 모여 있군요. 아니, 그런데 무엇을 그렇게 맛있게 먹고 계십니까?"

"마침 잘 왔네. 자네가 준 뱅어 고기로 국을 끓여 먹고 있다네."

그 말을 들은 농부는 눈을 동그랗게 뜨며 물었다.

"뱅어 고기라니? 이거 큰일났군. 밤에 불을 켜는 양초인데……. 국을 끓여 먹었다니?"

"뭐라고? 먹는 것이 아니었단 말야?"

"아암, 새로 나온 불을 밝히는 것이야."

이 말을 들은 훈장님은 얼굴이 빨개져서 고개를 숙였다. 알지도 못하면서 아는 체한 것이 몹시 부끄러웠기 때문이다.

"자, 보십시오."

농부는 훈장님께 드리기 위해 가지고 온 양초에 성냥을 그어 심지에 불을 붙였다.

"보십시오. 얼마나 환합니까? 이게 서울 사람들이 호롱불 대신 사용하는 불이라

구요."

마을 사람들은 훤하게 켜진 촛불을 보자 겁이 나서 어쩔 줄을 몰라했다.

"아이고, 배야. 뱃속에 불이 붙은 모양이다!"

모두 배를 붙들고 데굴데굴 굴렀다.

"큰일났다. 뱃속에서 불이 저렇게 타고 있나 보다."

훈장님은 자기에게 책임이 있다는 걸 느꼈는지 깊은 생각에 잠겼다. 그러더니 이렇게 말했다.

"여러분, 아까는 미안했소. 내가 전에 보았던 뱅어 고기와 비슷하여 혼동했소. 지금 그 걸 따질 시간이 없소. 우선 뱃속에서 타고 있는 불부터 꺼야겠소. 모두 냇물에 뛰어듭시다."

그 말을 들은 사람들은 옳다고 생각하여 냇가로 뛰어갔다.

"풍덩풍덩."

훈장님과 마을 사람들은 냇둘에 뛰어들었다. 모두 온 몸을 담그고 머리만 내놓은 채 입을 벌리고 앉아 있었다.

그런데, 이때 근처를 지나가던 나그네가 이 광경을 보았다. 캄캄한 밤에 물 위에 머리통만 동동 떠 있는 것을 본 나그네는 소름이 쫙 끼쳤다.

'이거 큰일났군. 초저녁부터 웬 도깨비들이 우글거리지.'

나그네는 자기의 살을 꼬집으며 중얼거렸다.

"호랑이에게 물려가도 정신만 차리면 된다고 했는데……. 옳지, 도깨비는 불을 무서워한다고 했었지."

나그네는 벌벌 떨면서도 정신을 차리고 성냥불을 켰다.

이 모습을 지켜보고 있던 마을 사람들은 훈장님의 눈치를 보았다. 훈장님은 겁먹은 표정으로 명령했다.

"저 놈이 우리들 뱃속에 있는 초에 불을 붙이려는 모양이다. 어서 머리를 물 속에 넣어야겠다."

마을 사람들은 기겁을 하며 도두 물 속으로 고개를 집어넣었다.

지나가던 나그네는 '걸음아 날 살려라.' 도망치면서 이렇게 생각했다.

'휴, 다행이다. 역시 도깨비는 불을 무서워하는구나!'

양초로 국을 끓여 먹은 사람들의 소란은 이렇게 끝이 났다.

내용파악

1 오랜만에 서울 구경을 하게 된 농부가 가게를 기웃거리며 다니던 중 발견한 물건은 무엇인가요?

① 신기한 생선 ② 성냥
③ 양초 ④ 신발

2 다음은 농부가 그 물건에 대해 설명한 말입니다. ( ) 안을 채워 보세요.

( )처럼 하얗고 긴 저것은 뭘까?

3 농부가 있는 돈을 다 털어 양초를 산 까닭은 무엇입니까?

....
....
....
....

4 시골로 돌아간 농부는 서울에서 보고 들은 것들을 집집마다 돌아다니며 자랑을 했습니다. 자랑을 하다가 맨 마지막에야 자기가 가져간 선물을 사람들에게 나누어주었지요. 선물을 주는 것까지는 좋았으나 농부가 중요한 실수를 한 가지 저지릅니다. 그게 뭘까요?

① 자랑을 너무 많이 하여 사람들의 미움을 샀다.
② 자랑을 하다 보니 과장이 너무 심해져서 결국 시골 사람들에게 거짓말을 하고 말았다.
③ 부족한 돈으로 양초를 산 탓에 정작 중요한 사람들에게 선물을 줄 수 없었다.
④ 양초라는 물건이 무엇을 하는 것이며 어떻게 사용하는지 가르쳐주지 않은 채 온 동네를 돌며 나눠주었다.

5 선물을 받고도 어디에 쓰는 물건인지 몰라 고개를 갸웃거리던 시골 사람이 사용법을 물어보기 위해 농부의 집으로 걸어가다가 생각을 바꾸어 훈장님의 집으로 가지요. 다음은 시골 사람이 그렇게 한 까닭입니다. 시골 사람의 생각과 거리가 먼 것을 골라 보세요.

① 양초의 사용법을 물어보러 가면 눈꼴시게 서울자랑을 또 늘어놓을 것 같아 가지 않았다.
② 농부의 집보다 훈장님의 집이 훨씬 가깝기 때문에 그렇게 한 것이다.
③ 아직 서울 구경 한 번 못했는데 양초의 사용법까지 물어보려니까 자존심이 상했다.
④ 훈장님은 진짜로 똑똑하기 때문에 훈장님에게 물어봐도 된다고 생각했다.

6 시골 사람이 훈장님 집에 가 보니 마을 사람들로 가득하였습니다. 그 사람들은 무엇 때문에 훈장님의 집에 온 것인가요?

....
....
....
....

7 결국 모든 사람들이 잘난 체 잘하는 농부에게 물어보기 싫어서 훈장님의 집으로 모인 것이었습니다. 그런데 문제는 훈장님도 양초가 어디에 쓰는 물건인지 모른다는 사실이었지요. 그런데도 훈장님은 마을 사람들에게 모른다는 말을 하지 못했습니다. 훈장님이 솔직하게 얘기하지 못한 까닭은 무엇이며, 양초에 대한 훈장님의 설명은 어떤 것이었는지 적어 보세요.

☞ 훈장님이 아는 체할 수밖에 없었던 까닭:

....
....
....
....

☞ 양초에 대한 훈장님의 설명:

8 훈장님과 마을 사람들이 양초로 끓인 국을 맛있게 먹고 있을 때, 찾아와 양초가 무엇에 쓰는 물건인지 가르쳐 준 사람은 누구입니까?

9 양초에 불이 붙자 방안이 환해졌습니다. 그때 양초 국을 먹은 사람이 배를 잡고 데굴데굴 굴러다니며 소리친 말은 무엇이었나요?

10 훈장님과 마을 사람들이 냇물에 풍덩풍덩 뛰어든 까닭은 무엇입니까?

① 너무 속이 답답해서
② 양초 국을 먹었으니 뱃속에서 타고 있는 불을 끄기 위해
③ 수치심을 느낀 훈장님이 뛰어들자, 모두 따라 한 것뿐이다.

11 길 가던 나그네는 물 밖으로 고개만 내밀고 있는 마을 사람들이 도깨비인 줄 알았지요. 도깨비를 물리치기 위해 나그네가 한 행동과 그것을 보고 마을 사람들이 한 행동을 간단하게 적어 보세요.

☞ 나그네의 행동:

....

....

☞ 사람들의 행동:

....

....

비교적 쉽고 단순한 전래동화이기 때문에 문단을 나누어 볼 필요도 없이 이야기의 큰 흐름만 파악하면 줄거리 요약이 쉽게 될 듯 합니다.

　　아래는 이 이야기의 흐름을 그림으로 표현해 놓은 것입니다. 빈 곳에 들어가야 할 그림을 여러분 스스로 그려보세요.

줄거리 요약하기

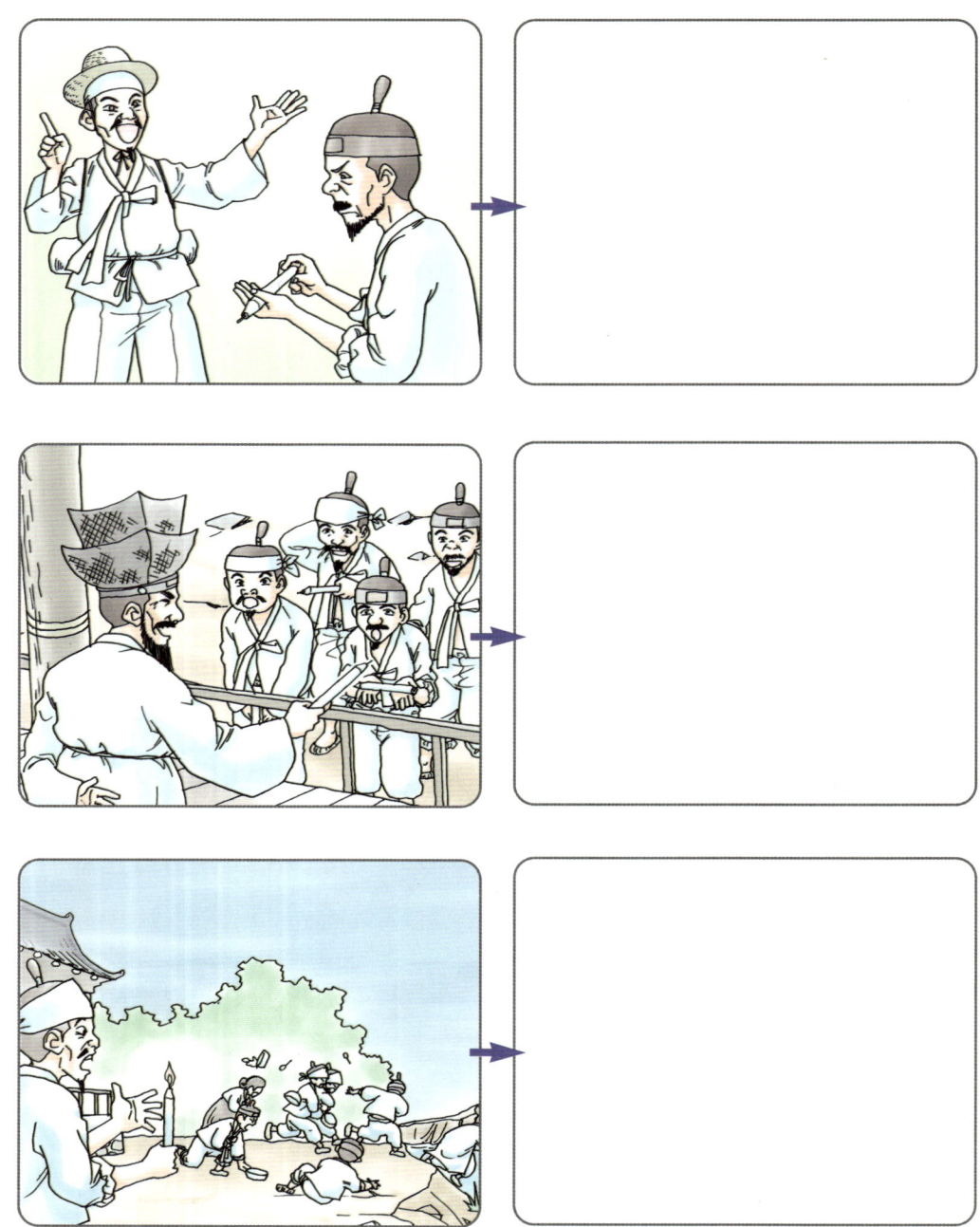

빈곳에 그림을 모두 그렸으면, 각각의 그림에 맞는 줄거리를 간단하게 요약해서 적어 보세요.

그림 ① 오랜만에 서울 구경을 하게 된 농부가 양초를 발견했다.

그림 ② ....

그림 ③ ....

그림 ④ ....

그림 ⑤ ....

그림 ⑥ ....

그림 ⑦ ....

그림 ⑧ ....

앞에서 여러분이 요약한 줄거리와 비교하며 읽어보세요.

'양초로 국 끓인 사람들' 줄거리

　시골에 사는 농부가 서울 구경을 하러 갔다가 양초를 발견한다. 마을 사람들에게 자랑할 생각으로 있는 돈을 모두 털어 양초를 산 농부는 집으로 돌아오자마자 사람들을 찾아다니며 자랑을 늘어놓는다. 자랑을 늘어놓던 농부가 양초를 한 자루 선물로 주고 간 뒤, 무엇에 쓰는 물건인지 몰라 고민하던 마을 사람들은 사용법을 묻기 위해 훈장님의 집으로 간다. 훈장님도 처음 보는 물건이라 무엇에 쓰는 물건인지 몰랐으나 훈장 체면에 모른다고 할 수가 없어 바다에 사는 뱅어라는 물고기니 끓여먹으면 된다고 얘기해 버린다. 결국 훈장님과 마을 사람들이 양초로 국을 끓여 먹게 되었다. 그런데 그때 농부가 훈장님의 집으로 찾아와 양초가 방안을 환하게 만들어주는 물건임을 말해준다. 촛불을 보고 놀란 마을 사람들은 뱃속의 불을 끄기 위해 냇물로 뛰어든다.

지혜 쌓기

지혜쌓기 1.

다음은 이 동화에 나오는 주요 인물들의 행동을 요약한 내용입니다. 그것을 보고 각 인물의 성격을 이야기해 봅시다.

➡ 농부: 서울 구경을 한 뒤 마을 사람들이 주눅이 들 정도로 자랑을 늘어 놓았다.

☞ 농부의 성격 :

➡ 훈장님: 모르는 것을 아는 체하다가 창피를 당했는가 하면, 뱃속의 불을 끄기 위해 냇물에 뛰어들어야 한다는 엉터리 같은 말을 했다.

☞ 훈장님의 성격 :

▶ 마을 사람들: 농부가 잘난 체 한 것만 고까워하며 농부에게 양초의 사용법을 물어 보러 가지 않았고, 훈장님의 엉터리 말에 아무생각 없이 우르르 다라 했다.

☞ 마을 사람들의 성격:

지혜쌓기 2.

앞에서 본 세 사람의 성격 중에 가장 문제가 심각한 성격을 가진 사람은 마을 사람들과 훈장님입니다. 왜 그럴까요? 까닭을 밝혀 보세요.

☞ 까닭:

지혜쌓기 3.

　한적한 시골에 살다가 서울구경을 하게 되었으니 농부로선 마음이 들뜰 수밖에 없었을 것입니다. 그래선지 마을 사람들이 거부감을 느낄 정도로 자랑을 늘어놓고 말았군요. 자랑... 그것은 가만히 생각해 보면 자기를 과시하고 뻐기려는 생각과 크게 다르지 않습니다. 자랑을 하건 하지 않건 농부가 서울이라는 커다란 도시를 구경하고 온 사실에는 변함이 없습니다. 무턱대고 자랑을 하기보다는 넓은 세상을 보았으니 좀더 마음을 넉넉하게 가져야겠다는 생각을 농부가 할 수 있었으면 얼마나 좋을까요? 여러분도 이따금 자랑거리가 생기곤 하지요? 너무 지나친 자랑은 친구들의 반감을 사게 되고, 더 심하면 친한 친구들마저 나에게서 등을 돌리게 될지도 모른다는 사실을 명심해야겠어요.

　사람들은 누구나 다른 사람보다 아는 것이 적다는 것을 깨달으면 수치심을 느끼기 마련입니다. 그래서 가끔 모르는 것도 아는 체할 때가 있지요. 모르는 것을 아는 체해야 하니 얼마나 힘들까요? 게다가 그런 태도로는 새로운 것을 배우기가 참으로 어렵지요. 모르는 것이 있으면 당당하게 모른다고 인정하고, 그것을 알기 위해 노력하는 사람이 진짜 지혜로운 사람이랍니다. 한 때의 창피함만 이겨내면 결국 다른 사람들과 똑같이 모르던 것을 알게 되는 거잖아요. 마을 사람들과 훈장님에게는 그런 지혜가 부족했던 모양이에요. 특히, 훈장님은 많은 사람들 앞에서 아는 체하다가 창피를 톡톡히 당했지요. 세상엔 우리가 알아야 할 것들이 정말로 많답니다. 여러분은 초등학교 어린이지만 대학 교수님이 모르는 것을 알고 있을 수도 있어요. 반대로 여러분보다 훨씬 어린 아이가 알고 있는 것을 여러분이 모를 수도 있고요.

"아, 나는 그걸 지금까지 몰랐다. 그래, 그렇구나."

이렇게 당당하게 모르는 것을 인정하고 알려고 노력할 때, 여러분의 가슴속엔 날마다 새롭고 유익한 지식들이 차곡차곡 쌓이게 될 것입니다.

우리는 지금까지 독서감상문의 처음 부분과 가운데 부분을 어떻게 쓰는지 공부했습니다. 처음도 중요하고 가운데 부분도 중요하지만 글을 마무리짓는 끝 부분 또한 무시할 수 없는 곳이지요.

끝 부분에서는 책을 읽고 난 뒤의 전체적인 느낌이나 책을 통해 새롭게 배우거나 깨달은 점을 밝힌다고 했습니다.

집중 탐구

독서감상문 쓰기 - 끝 부분

 여러분은 '양초로 국끓인 사람들'을 통해 무엇을 배우고 깨달았나요?
 모두 읽고 났을 때, 여러분의 마음 속에서 일어난 전체적인 느낌은 무엇이었나요? 그것을 밝히면서 글을 끝맺으면 됩니다.

 여러 어린이들이 써 놓은 독서감상문의 끝 부분을 읽어보고 여러분도 한 번 써 보세요.

'양초로 국 끓인 사람들'을 읽고

성저초교 최 유 진

 전래동화는 저학년 아이들이 많이 읽는 글이라고 생각해 온 것이 사실이다. 실제로 저학년 때는 전래동화를 포함한 옛이야기들을 아주 좋아했다. 하지만 고학년이 되면서 왠지 유치하게 생각되어 소년소설을 많이 읽었는데 동생의 책꽂이에서 우연히 전래동화집을 발견하여 무심코 뒤적이다가 이 동화를 발견하게 되었다.
 '양초로 국 끓인 사람들' … 제목부터 관심을 끌

었고, 읽기 전에 미리 책의 내용을 상상해 보았는데, 아주 가난한 사람들 이야기일 것이라고 생각했다. 얼마나 배고프고 먹을 것이 없으면 양초로 국을 끓여 먹었을까.

하지만 실제로 읽어보니 쓸데없이 자존심만 앞세운 마을 사람들과 아는 체 잘하는 훈장님 때문에 벌어진 우스운 이야기였다. 얼핏 보면 그냥 한 번 웃고 넘어가면 그만일 것 같은 이야기지만 두고두고 깊은 생각을 하게 만들어주는 이야기였다. (처음)

이야기의 줄거리는 대강 이렇다.

어느 날 시골 농부가 서울 구경을 하게 된다. 시장으로 간 농부는 여러 가지 물건 구경에 시간가는 줄 몰랐다. 그런데 어느 가게 앞에서 그 동안 한 번도 본적이 없는 물건을 발견한다. 바로 양초였다. 호롱불밖에 사용해 본 적이 없는 농부는, 서울 다녀온 자랑도 할 겸 동네 사람들에게 한 자루씩 나눠주기 위해 있는 돈을 전부 털어 양초를 산다.

마을로 돌아간 농부는 사람들을 찾아다니며 서울 자랑을 늘어놓는다. 자랑을 늘어놓던 농부가 양초를 한 자루 선물로 주고 간 뒤, 무엇에 쓰는 물건인지 몰라 고민하던 마을 사람들은 자존심 때문에 농부를 찾아가지는 못하고, 사용법을 묻기 위해 훈장님의 집으로 간다.

훈장님도 처음 보는 물건이라 무엇에 쓰는 물건인지 몰랐으나 훈장 체면에 모른다고 할 수가 없어 바다에 사는 뱅어라는 물고기니 끓여먹으면 된다고 얘기해 버린다. 결국 훈장님과 마을 사람들이 양초로 국을 끓여 먹게 되었다. 그런데 그때 농부가 훈장님의 집으로 찾아와 양초가 방안을 환하게 만들어주는 물건임을 말해준다. 촛불을 보고 놀란 마을 사람들은 뱃속의 불을 끄기 위해 냇물로 뛰어든다. (줄거리)

이 동화를 읽은 뒤에 내가 많은 생각을 하게 된 것은 농부와 마을 사람들, 그리고 훈장님 때문이었다. 서울 구경 좀 했다고 있는 자랑 없는 자랑 늘어놓으며 시골 사람들의 자존심을 상하게 한 농부 같은 사람들은 우리 주변에도 아주 많다.

지난 가을에 있었던 일이다. 우리 반에는 방학 때만 되면 해외여행을 다녀오는 아이들이 아주 많다. 그 중 지혜라는 애가 여름방학에 미국에 다녀왔다며 얼마나 자랑을 해대는지 꼴도 보기 싫었다. 지혜랑 단짝 친구로 지내던 미주는 가정 사정이 안 좋다. 미주네 아빠가 회사를 그만두셨기 때문이다. 그래서 미주네는 해외여행은커녕 우리나라 여행도 못한 눈치였다. 자랑하는 지혜를 바라보면서 미주는 어떤 생각을 했을까. 그 다음에 가만히 살펴보니 지혜와 미주는 서로 봐도 못 본 체 하고 지나가는 사이가 되어 있었다. 좋은 일이 있을 때, 자랑을 하고 싶은 것은 누구나의 마음이다. 하지만 다른 사람은 아랑곳없이 자랑을 해댄다면 친한 친구마저 잃게 되는 것이다. 그렇다면 나는 이 동화 속에 나오는 농부 아저씨나 지혜처럼 행동한 적이 없을까? 지금 생각나는 일은 없지만 분명히 있을 것이다. 좀더 생각깊은 사람이 되면 그런 행동을 하지 않게 될텐데…

　농부도 문제지만 마을 사람들과 훈장님에게도 문제가 있다고 생각한다. 쓸데없는 자존심과 아는 체 때문에 양초로 국을 끓여 먹게 되었으니 말이다. 양초는 기름덩어리일텐데 얼마나 느끼하고 속이 거북했을까? 자존심이라는 말을 사전에서 찾아보니 남에게 굽히지 않고 제 몸이나 품위를 높이 가지는 마음이라고 되어 있었다. 어쩌면 모르는 것을 남에게 묻는 것만큼 자존심 상하는 일도 없을 것 같다. 하지만 어떤 사람은 이렇게 말했다. 사람은 평생을 배워야 한다고. 비록 마을 사람들은 어른이지만 모르는 것은 물어서 배우는 것이 당연하다. 그런데 자존심 때문에 농부에게 가서 묻지 않았으니 어리석은 사람들인 것 같다. 하긴 나도 가족들이랑 서울 남산에 놀러갔다가 동생에게 창피를 당한 적이 있다. 초등학교 4학년인 남동생은 식물이나 동물에 대해 아는 것이 많다. 그곳에서 동생과 나는 식물 이름 알아맞히기 게임을 했다. 그런데 내가 형편없이 지고 말았다. 얼마나 화가 나는지 동생이랑 싸움을 하고 말았었다. 아마 모르긴 해도 마을 사람들의 마음이 그때 내 마음하고 비슷했을 것이다. 솔직히 동생보다 모르는 게 많다는 사실을 인정하고 싶지 않았다. 하지만 그때 동생이 나보다 많이 안다는 것을 인정하고 동생의 말에 귀를 기울였으면 어떻게 됐을까. 지금보다는 식물의 이름을 훨씬 많이 알았을 것이다.

　잘 모르는 것을 체면 때문에 아는 체 했을 때, 다른 사람들에게 큰 피해를 줄 수 있다는 것을 훈장님을 통해 알았다. 훈장님은 많이 배운 사람이니 모르는 것이 있을 때 어떻게 해야 하는지 잘 알고 있었을 텐데 왜 그랬는지 모르겠다. 그러고 보면 다른 사람들 앞에서 자존심을 상하거나 체면을 구기는 것만큼 싫은 일은 없는 모양이다. (감상)

　이 동화를 읽고 났을 때, 나는 자연스럽게 이런 결심을 했다. 언제나 다른 사람의 입장이 되어 생각할 줄 알고, 모르는 것이 있으면 그 사람이 누구이건 상관하지 않고 적극적인 태도로 묻거나 공부하여 알아 나가는 지혜로운 사람이 되자고…

✌ 나도 할 수 있어요!

이제 여러분은 독서감상문 쓰기의 모든 것을 배웠습니다.
배운 것을 머리 속에만 담고 있어서는 곤란해요.
글이라는 것은 자꾸 써봐야 잘 쓸 수 있게 되거든요.
글 쓰는 게 귀찮다고요?
　그렇게 생각하는 어린이는 책 맨 앞의 머리말을 다시 읽어 보기 바래요. 자기에게 유익한 것 치고 쉽게 얻을 수 있는 것은 아무것도 없답니다. 여러분이 글 한 편을 쓸 때마다 여러분의 생각하는 힘과 표현하는 힘, 새로운 것을 창조해내는 힘이 쑥쑥 커간다고 생각해 보세요.
　타조처럼 어리석은 새가 되고 싶은 어린이는 쓰지 않아도 좋아요. 하지만 조금 더 똑똑하고, 정확하게 생각할 줄 알며, 창의력을 갖춘 어린이가 되고자 한다면 글 쓰는 일을 게을리 하지 말길 바래요.

자, 지금부터 독서감상문 한 편을 써 보기로 해요. 앞에서 배운 모든 것들을 총동원하여 여러분 나름대로 '양초로 국 끓인 사람들'에 대한 독서감상문을 써보는 거예요.

나의 감상글

제 5 편 크리스마스 선물

(O. 헨리)

크리스마스 선물

-O. 헨리-

1달러 87센트.

가진 돈은 이게 전부였습니다. 그 중 60센트는 1센트짜리 동전이었습니다. 야채나 고기를 살 때, 한 푼이라도 절약하기 위해 실랑이를 벌여 모은 돈이었습니다. 델러는 다시 한 번 세어 보았습니다. 틀림없는 1달러 87센트였습니다.

내일은 크리스마스입니다.

거리에는 캐롤송이 울리고 손에 선물 상자를 든 사람들이 넘쳐났습니다. 델러는 작고 초라한 침대에 몸을 던지며 소리내어 울었습니다. 행복한 크리스마스를 꿈꾸어 왔는데 쓸쓸하고 마음 아픈 크리스마스가 될 것이 뻔했기 때문입니다.

실컷 울고 나서 댈러는 새삼스럽게 방을 둘러보았습니다. 방안의 모든 것이 보기 싫을 정도로 낡았고 형편없었습니다. 하긴 일주일에 8달러짜리 아파트이니 그럴 수 밖에요.

아래층에는 언제나 텅 비어 있는 우편함과 한 번도 울린 적이 없는 초인종이 매달려 있고, 그 옆에는 '제임스 딜링검 영'이라고 적힌 문패가 붙어 있었습니다. 사랑스러운 남편의 이름입니다. 하지만 문패에는 뽀얗게 먼지가 쌓여가고 있을 따름입니다. 남편이 일주일에 30달러를 벌어들일 때는 제법 그럴 듯해 보이는 문패였으나 지금은 아무래도 어울리지가 않았습니다. 일주일에 20달러를 벌어들일 뿐인 그들 부부에게는 격에 맞지 않는 멋진 문패였거든요.

주당 20달러이든 30달러이든 언제나 남편의 이름을 자랑스럽게 부르는 사람은 댈러뿐이었습니다. 제임스 딜링검 영이 집에 돌아올 때면 언제나 "짐!"하고 부르며 달려나오는 댈러였습니다. 그럴 때면 이 보잘 것 없는 집도 환하게 밝아지는 것 같았습니다.

내일은 크리스마스.

댈러는 다시 한 번 이렇게 중얼거리며 동전을 내려다보았습니다.

짐에게 선물을 사 주기 위해 몇 달 동안 절약해 모은 돈이 겨우 1달러 87센트라니! 짐이 30달러를 벌어올 때는 얼마라도 모아 둘 수 있었지만 수입이 20달러로 준 후로는 도저히 어떻게 해 볼 수가 없었습니다.

1달러 87센트…

댈러는 2달러도 안 되는 돈으로 무엇을 살 수 있을지 막막했습니다. 그 동안 짐에게 무슨 선물을 할지 이것저것 상상을 해왔습니다. 그 생각을 하는 동안 얼마나 행복했는지 모릅니다. 훌륭하고 귀하면서도 진정한 가치를 가지고 있는 것. 적어도 짐이 가지고 있을 만한 가치가 있는 것. 그런 것을 이번 크리스마스에 선물해서 짐이 기뻐하는 모습을 보고 싶었던 것입니다.

댈러는 창과 창 사이의 좁다란 거울에 자신을 비춰 보았습니다. 뚱뚱한 사람이라면 모르지만 댈러처럼 날씬한 사람은 그런 좁은 거울에도 전신을 비춰 볼 수 있었습니다. 댈러는 무슨 생각이 떠올랐는지 갑자기 창가에서 물러섰습니다. 댈러의 얼굴이 금방 창백해졌습니다. 갑자기 머리를 풀어헤쳐 머리카락을 길게 늘어뜨렸습니다. 댈러의 머리카락은 갈색으로 은은하게 타오르는 불빛 같았습니다.

제임스 딜링검 영 부부가 자랑으로 여기는 것이 두 가지 있었습니다. 하나는 할아버지가 아버지에게, 아버지가 다시 짐에게 물려준 금시계였고, 다른 하나는 댈러의 아름다운 머리카락이었습니다. 댈러의 머리카락은 시바의 여왕이라도 부러워할 만큼 탐스러웠고 눈부셨습니다. 또한 솔로몬 왕이 아무리 보물을 많이 가지고 있다고 해도 짐의 금시계와는 비교가 되지 않았습니다.

길게 늘어뜨린 머리카락 사이로 언뜻 댈러의 얼굴이 보였습니다. 창백한 얼굴에 눈물이 흐르고 있었습니다. 댈러는 재빨리 머리를 땋아 올렸습니다. 낡은 갈색 외투를 걸치고 모자를 썼습니다. 그리고는 재빨리 계단을 뛰어내려갔습니다.

댈러가 달려간 곳은 가발 가게였습니다. 그곳의 주인은 살결이 창백하고, 인상이 매우 차가운 여자였습니다. 소프로니라는 이름을 가진 여자였는데 우아한 이름과는 전혀 어울리지 않는 인상이었습니다.

"무슨 일로 왔죠?"

소프로니가 쌀쌀맞게 물었습니다.

"저... 머리카락을 팔러 왔어요."

댈러가 대답했습니다.

"그럼 모자를 벗고 보여 주셔야지요."

소프로니의 말에 댈러가 얼른 모자를 벗었습니다. 불꽃이 타오르는 듯한 갈색의 머리카락이 드러났습니다. 소프로니가 주의 깊은 눈으로 머리카락을 살펴보았습니다.

"20달러 드리지요."

길게 늘어뜨린 머리를 익숙한 솜씨로 말아 올리며 소프로니가 말했습니다.

얼마 후 20달러를 손에 쥔 댈러는 이 상점 저 상점 기웃거리며 행복하게 웃었습니다. 이제 짐에게 선물을 해 줄 수 있게 된 것입니다. 상점의 물건들을 바라보는 델러의 눈빛이 기대에 차 있었고, 얼굴도 무척 밝아 보였습니다.

　델러는 마침내 찾아냈습니다. 어느 상점에서도 볼 수 없었던 것. 짐에게 딱 어울릴 것 같은, 디자인이 산뜻하고 고상한 백금 시곗줄이었습니다. 번쩍번쩍 야단스럽게 빛나지 않으면서도 자신의 품격을 은은하게 드러내는 물건이었습니다. 사람이나 물건이나 마찬가지로 그런 물건이 더욱 값져 보이는 것입니다. 델러의 눈에 그것을 차고있는 짐의 모습이 보이는 듯했습니다. 짐은 훨씬 더 품격 있는 사람처럼 보일 것입니다.

　시곗줄 값은 21달러로 마침 가지고 있는 돈에도 맞았습니다. 델러는 남은 87센트를 소중하게 챙겨 넣고 집으로 급히 돌아왔습니다.

　'짐이 가진 훌륭한 시계에 이 시곗줄을 달면 어디에서든지 자랑스럽게 시계를 꺼내 볼 수 있을 거야.'

　델러는 너무나 가슴이 뿌듯했습니다. 짐의 시계는 정말 훌륭하지만 낡은 가죽끈을 매어 놓았습니다. 그 때문에 짐은 시계를 꺼내 볼 때마다 얼굴을 붉히곤 했습니다. 그것을 알고 있는 댈러는 짐이 이 시곗줄을 받으면 얼마나 기뻐할지 잘 알고 있었습니다.

집에 도착하자 댈러는 머리에 썼던 갈색 모자를 벗었습니다. 짧게 잘라진 머리가 드러났습니다. 고대기를 꺼내 가스에 불을 붙이고 머리를 매만지기 시작했습니다. 오래지 않아 댈러의 머리는 장난꾸러기 소년의 짧은 고수머리로 변했습니다. 댈러는 자신의 모습을 거울에 비추어 보았습니다.

"설마 짐이 이 머리를 보고 기뻐하진 않겠지. 아니, 나를 미워할지도 몰라."

댈러는 혼잣말로 중얼거렸습니다.

"틀림없이 코니아일랜드 합창단에서 노래하고 춤추는 여자 같다고 할 거야. 하지만 어쩔 수가 없었는 걸……."

댈러는 스카프로 머리를 싸맸습니다.

짐이 돌아올 시간이 되었습니다. 댈러는 커피를 끓여 놓고 프라이팬을 달구었습니다. 댈러는 시곗줄을 꼭 쥐고 방문을 바라보았습니다. 아래층에서부터 계단을 올라오는 짐의 발소리가 점점 커졌습니다. 댈러는 조그맣게 중얼거렸습니다.

"오오, 하느님. 짐이 저를 예쁘다고 해야 할 텐데요!"

문이 열리며 짐이 들어왔습니다. 짐은 지쳐 보였고 추위에 떠는 듯이 보였습니다. 가정이라는 무거운 짐을 진 스물 두 살 젊은 사내의 모습이었습니다. 외투도 없고 장갑도 없이 추위에 떨며 짐이 서 있었습니다.

"짐, 얼마나 힘들었어요!"

짐은 댈러를 보자 이상하다는 듯이 뚫어지게 바라보았습니다. 댈러는 두려워졌습니다. 짐의 눈길을 피하며 수선스럽게 커피 주전자 그릇들을 달그락거렸습니다. 짐은 댈러의 곁으로 다가왔습니다.

"댈러!"

"오오, 짐! 왜 그런 눈으로 보세요? 뭐 이상한 거라도 있어요? 내일은 크리스마스잖아요. 좀더 밝은 얼굴로 웃어보세요!"

"그래, 내일이 크리스마스야."

"짐, 그래서 내가 뭘 준비했는지 알아요? 당신한테 꼭 어울리는 선물을 준비했어요. 자, 봐요!"

댈러는 쥐고 있던 시곗줄을 짐에게 내밀었습니다. 짐은 믿기지 않는 듯한 얼굴로 멍하니 금시곗줄을 내려다보았습니다.

"무슨 돈이 있어서 이런 걸 샀소?"

"다 방법이 있다니까요!"

댈러가 일부러 밝은 목소리로 말했습니다. 하지만 짐은 이상하다는 듯이 댈러를 빤히 바라보기만 했습니다.

"짐, 제발 '메리 크리스마스'라고 말해 주세요. 우리 즐겁게 지내요. 제 선물이

멋지고 근사하다고 한 마디만 해 주세요."

그러나 짐은 댈러에게 다가와 대답 대신 댈러가 두르고 있던 스카프를 벗겼습니다.

댈러가 비명을 지르면서 손으로 머리를 감쌌지만 이미 늦었습니다.

"머리를 잘랐단 말이오?"

짐이 떨리는 목소리로 물었습니다.

"네. 머리를 잘라서 팔았어요."

댈러가 대답했습니다.

"제 모습이 달라지긴 했어도 저는 여전히 댈러잖아요. 당신은 변함 없이 저를 사랑하시죠?"

"정말 머리를 잘랐단 말이오?"

짐은 방 안을 둘러보며 또 한 번 물었습니다.

"팔아 버렸어요. 찾아올 필요도 없어요. 오늘 밤은 크리스마스 이브예요. 부디 저한테 정답게 말해 주세요. 당신에게 선물도 않고 그냥 크리스마스를 보낼 수가 없었어요. 머리가 너무 길어서 거추장스럽기도 했고요. 머리는 또 기르면 되잖아요. 내 머리는 잘 자라니까요. 그러니까?······."

댈러는 말을 다 마칠 수

가 없었습니다. 짐이 댈러를 꼭 껴안았기 때문입니다. 댈러를 꼭 껴안고 있던 짐은 부드러운 목소리로 말했습니다.

"오해하지마, 댈러. 당신이 머리를 잘랐다고 당신을 사랑하지 않게되다니, 그런 일은 있을 수 없어. 하지만 이걸 보면 내가 왜 당황했는지 이해하게 될 거야."

짐은 주머니에서 조그만 꾸러미를 꺼내 댈러에게 건넸습니다. 댈러는 재빨리 포장지를 풀었습니다. 짐의 선물을 본 댈러는 탄성을 질렀습니다.

그것은 머리핀 세트였습니다. 댈러가 오래 전부터 갖고 싶어했던 머리핀으로, 가장자리에 보석이 박힌 귀한 것이었습니다. 긴 갈색 머리에 꽂으면 딱 어울릴 머리핀이지만 너무 비싸서 머리 속으로만 갖고 싶다고 생각해 왔을 뿐입니다. 댈러는 기쁨의 눈물을 흘렸습니다. 자신을 생각해 주는 짐의 마음을 느꼈기 때문입니다.

"고마워요, 짐. 내 머리는 빨리 자라니까 곧 머리핀을 할 수 있을거예요."

그리고 나서 댈러는 갑자기 생각난 듯이 외쳤습니다.

"아, 참! 그렇지!"

델러는 시곗줄을 내밀었습니다.

"이것, 시계에 달아 보세요. 당신 이제는 하루에 수백 번이라도 시계를 꺼내볼 수 있어요. 어서 시계를 줘 보세요. 얼마나 잘 어울리는지 보고 싶어요."

그러자 짐은 유쾌한 웃음을 터뜨리며 말했습니다.

"우리 당분간 크리스마스 선물을 잘 간직하도록 합시다. 사실은 당신 핀을 사기 위해서 그 시계를 팔았거든. 그래도 올 크리스마스가 최고로 행복할 거야, 그치?"

크리스마스 때 선물을 주고받는 것은 동방박사가 예수에게 선물을 가져다 준 것에서 시작되었습니다. 동방박사들은 현명한 사람들이었기 때문에 필요에 따라 다른 것과 바꿀 수 있는 선물을 했습니다. 그러나 여기에 소개한 두 젊은이는 자신들의 가장 값진 것을 희생해서 서로에게 필요하지 않은 선물을 하게 되었습니다. 하지만 어떤 훌륭한 선물보다 이 두 사람은 가장 훌륭한 선물을 한 것입니다. 그들은 서로에게 사랑을 주었으니까요. 그들이야말로 '동방박사'들인 것입니다.

1 크리스마스 이브를 맞은 댈러가 침대에 엎드려 소리내어 운 까닭은 무엇입니까?

① 남편과의 사이가 좋지 않아 불행을 느끼고 있었기 때문에
② 행복한 크리스마스를 꿈꾸어 왔는데 쓸쓸하고 마음 아픈 크리스마스를 맞게 되어서
③ 미용실에 가서 머리를 손봐야 하는데 수중에 가진 돈이 1달러 87센트뿐이어서

내용파악

2 1달러 87센트. 댈러는 남편 짐에게 크리스마스 선물을 하고 싶었습니다. 가진 돈이 얼마 안 되어 마음 아픈 댈러, 그녀에게는 나름대로 선물을 고르는 기준이 있었습니다. 그것을 다음에서 모두 골라 보세요.

① 화려하고 값비싼 것
② 훌륭하고 귀하면서도 진정한 가치를 가지고 있는 것
③ 다른 사람들에게 과시할 수 있는 것
④ 짐이 가지고 있을 만한 가치가 있는 것

3 댈러와 짐. 두 사람에게는 각각 자랑으로 여기는 것이 한 가지 있었습니다. 무엇인가요?

☞ 댈러:

☞ 짐:

4 댈러가 짐에게 크리스마스 선물로 주고 싶은 것은 무엇이었나요? 그것을 선물하기 위해서는 돈을 마련해야 했습니다. 댈러는 어떤 방법으로 돈을 마련했나요?

☞ 짐에게 선물하고 싶은 것:

☞ 댈러가 돈을 마련한 방법:

5 자신이 가장 자랑스럽게 생각하는 것을 희생하여 사랑하는 남편의 크리스마스 선물을 산 댈러. 그녀는 세상 누구보다 행복했습니다. 그런데 저녁이 되어 돌아온 짐은 댈러가 준 선물을 보자, 몹시 놀라고 당황스러워합니다. 왜 그런 것일까요?

① 시곗줄이 별로 마음에 들지 않았기 때문에
② 가죽 시곗줄이 너무 창피하여 아내 몰래 금시곗줄을 샀기 때문에
③ 아내의 크리스마스 선물을 준비하느라 시계를 팔아 버렸기 때문에

6 짐이 댈러에게 준 크리스마스 선물은 무엇이었습니까?

① 스카프　　② 머리띠　　③ 금반지　　④ 머리핀 세트

7 결국 두 사람은 자신의 가장 값진 것을 희생하였으나 서로에게 필요없는 선물을 한 셈입니다. 그런데도 두 사람이 그 어느 때보다 행복했던 까닭은 무엇이었을까요?

....

....

....

다음은 이 동화의 중요한 내용을 다섯 개의 그림으로 표현한 것입니다. 그림의 순서대로 줄거리를 요약해 보세요.

줄거리 요약하기

줄거리를 요약하느라 수고하셨습니다. 아래에 정리된 '크리스마스 선물'의 줄거리와 여러분이 써놓은 글을 비교해가며 읽어보세요.

'크리스마스 선물' 줄거리

짐과 댈러는 자랑거리가 하나씩 있었다. 댈러의 아름다운 머리카락과 짐의 금시계가 그것이었다.

크리스마스 이브를 맞은 댈러는 남편 짐에게 선물할 돈이 모자라 괴로워하다가 가발 가게로 달려가 머리카락을 판다. 머리카락을 판 돈으로 금시계줄을 산 댈러는 기뻐할 짐을 생각하며 행복해 한다.

하지만 짐 또한 자신이 자랑스러워하던 금시계를 팔아, 댈러가 갖고 싶어하던 머리핀 세트를 샀으니, 두 사람은 자신의 값진 것을 희생해 서로에게 필요 없는 선물을 주게 된 셈이었다.

그러나 두 사람은 필요 없는 선물을 받았음에도 그 무엇과도 바꿀 수 없는 사랑을 받았기에 행복한 크리스마스 이브를 보낸다.

지혜쌓기 1.

델러와 짐에게는 자랑스러운 것이 한 가지 있다고 했지요. 여러분은 어떤가요? 여러분에게도 남다른 자랑이 있나요?

"나에게는 자랑할 만한 것이 하나도 없는 걸!"

만약 이렇게 이야기하는 어린이가 있다면 다시 한 번 자신에 대해 곰곰 생각해 보기 바랍니다. 여러분 한 사람, 한 사람은 우주와도 바꿀 수 없는 소중한 존재들이랍니다. 그런데도 자랑거리가 없다니요? 착한 마음도 자랑이 될 수 있고, 여러분이 가지고 있는 물건들도 자랑이 될 수 있답니다.

델러의 머리카락과 짐의 금시계처럼 정말로 아끼고 사랑하는 자신의 자랑 거리를 하나씩 찾아 적어보세요. 내가 가진 가장 값진 것을 적어 보는 거예요.

☞ **내가 가진 가장 값진 것:**

....

....

....

....

지혜 쌓기

지혜쌓기 2

댈러와 짐처럼 여러분에게도 사랑하는 사람들이 있을 것입니다. 가족, 친척, 친구들... 여러분도 사랑하는 사람들에게 자신의 가장 소중한 것을 희생해 가며 사랑을 나누어 준 적이 있나요? 있다면 여러 친구들에게 소개해 보세요.

반대로 여러분이 그런 사랑을 받아 본 적도 있을 겁니다. 부모님이나 형제들에게, 혹은 친구에게 그런 사랑을 받지 않았나요? 그것도 아래에다 자세하게 소개해 보세요.

☞ 나의 값진 것을 희생하여 다른 사람에게 기쁨을 준 경험:

....

....

....

☞ 다른 사람이 값진 것을 희생하여 나에게 기쁨을 준 경험:

....

....

....

지혜쌓기 3.

얼마 전 대구 지하철에서 불이 나는 바람에 많은 사람들이 희생되었습니다. 그 외에도 우리 주변에서는 불행한 일들이 끊임없이 일어나고 있지요. 그때마다 사랑의 손길을 보내주는 사람들이 있습니다. 어떤 기업에서는 수억 원의 위로금을 보내 주기도 하지만 그렇게 많은 돈보다 더 값진 것은 불행한 일을 당한 사람들을 진정으로 동정하며 얼마 안 되는 주머니 속의 돈을 쪼개 보내주는 가난한 사람들의 온정이지요. 무언가를 희생하여 다른 사람에게 기쁨을 주고 행복을 준다는 것. 그것은 작은 것일수록 더 소중한 법입니다.

여러분, 부모님을 한 번 자세히 살펴보세요. 가족의 행복을 지켜나가기 위해 고생하시는 부모님들입니다. 부모님들은 여러분이 보내 주는 작은 사랑에도 감동을 느끼며 행복해 하시지요. 친구들과 형제들에게 보내는 여러분의 작은 친절은 또 어떻고요. 여러분의 작은 친절, 작은 희생이 행복과 사랑을 지켜나가는 열쇠임을 알아야 하겠습니다.

집중 탐구

지금까지 동화 세 편을 읽은 후 독서감상문의 처음 - 가운데 - 끝 부분 쓰는 방법에 대해 공부를 했습니다.

모든 글이 그렇지만 독서감상문만큼 유익한 글쓰기도 다시없을 것입니다. 초등학교도 졸업하지 못한 발명왕 에디슨의 독서기록 노트가 3600권에 이른다고 하지요. 이 정도로 책을 읽고, 읽은 내용을 나름대로 정리하고, 자기 생각까지 창조적으로 전개해보곤 했다면 에디슨처럼 되지 않는 것이 이상할 것입니다. 독서와 독서감상문 쓰기가 어린이 여러분에게 얼마나 큰 선물을 줄 수 있는 지 보여주는 단적인 예입니다.

여러분, 이 책에서 독서감상문에 대해 이야기하는 마지막 장이랍니다. 좀더 적극적인 태도로 독서감상문에 대해 배우고 써 보기로 해요.

독서감상문 쓰기

1. 친구처럼 해보자!

우리 친구 은성이가 '크리스마스 선물' 을 읽은 후에 독서감상문을 쓰려고 해요. 은성이가 어떤 과정을 거쳐 독서감상문을 완성해내는지 함께 살펴봐요. 그리고 은성이와 똑같은 과정을 거쳐 여러분도 독서감상문을 써 보는 거예요.

① 제목을 어떻게 정하지?

은성이는 책을 읽은 후에 노트를 펴고 독서감상문을 시작하려고 해요. 그런데 제목을 어떻게 붙여야 하는지 고민 중이랍니다. 제목은 고민할 필요 없다고요? 물론 그래요.

> '크리스마스 선물' 을 읽고...

이렇게 제목을 붙이면 그만일 테니까요.

하지만 은성이는 큰 제목을 붙이고 싶은 거예요. 제목을 붙이는 방법은 책제목에서 따오는 것 외에 큰 제목을 붙이는 방법도 있답니다.

> 나도 세상의 빛 ← 큰 제목
> '강아지똥'을 읽고 ← 작은 제목

이렇게 말예요. 그럼, 큰 제목은 어떻게 붙이는 것이 좋을까요? 독서감상문의 큰 제목은 자기가 읽은 책의 주제나, 자기가 쓰려는 독서감상문의 주제와 깊은 관련이 있어야 해요.

주제가 뭐냐고요?

주제란, 글쓴이가 글 속에 나타내려는 중심생각을 말한답니다. 그러니까 동화를 지은 작가 선생님이 글 속에 나타내려는 중심생각이나, 독서감상문을 쓰려는 어린이가 글 속에 나타내고자 하는 중심생각과 관련 있는 큰 제목을 정해야 한다는 것이지요.

은성이는 '크리스마스 선물'에서 작가 선생님이 어린이들에게 전달하고 싶어하는 중심생각이 '진정한 사랑과 행복'이라고 생각했어요. 여러분도 같은 생각인가요?

그래서 은성이는 독서감상문의 제목을 이렇게 정했지요.

> 작은 희생, 큰 사랑
> '크리스마스 선물'을 읽고

여러분도 독서감상문의 큰 제목과 작은 제목을 적어 보세요.

(큰 제목)

(작은 제목)

② 처음 부분을 어떻게 시작하지?

여러분, 기억나세요?
처음 부분을 시작하는 방법이 여러 가지라고 했지요?
읽은 책이나 독서감상문의 내용에 맞게 적당한 시작 방법을 찾아야 한답니다.

은성이는 자기가 쓰고자 하는 독서감상문의 주제가 '작은 희생을 통해 사랑하는 사람들에게 행복을 주자'이니 만큼 처음 부분에서는 이기적으로 자기 자신만 생각하는 사람들의 모습을 그려내야겠다고 생각했어요.
은성이의 글을 함께 읽어 볼까요?

작은 희생, 큰 사랑
'크리스마스 선물'을 읽고

낙민초교 김 은 성

얼마 전, 아빠가 보시는 신문에 선생님과 학부모에 관한 글이 실렸다. 아빠는 그 기사를 읽다 말고 못마땅한 듯 혀를 차셨다. 내용을 알고 보니 수업시간에 공부에 집중

하지 않은 고등학생 오빠를 선생님이 때렸고, 뒤늦게 그것을 안 오빠의 부모님들이 선생님을 경찰서에 신고해 버린 것이다.

선생님과 제자, 선생님과 학부모... 누구보다 서로를 믿고 사랑해야 할 사람들 사이에 그런 일이 일어났으니 슬픈 일이 아닐 수 없다.

하지만 그보다 훨씬 슬픈 일들이 우리 주변에서 많이 일어나고 있다는 사실을 나는 잘 알고 있다. 얼마 전 '추적60분'이라는 텔레비전 프로그램을 볼 때였다. 무척 낡고 더러운 단칸방에 혼자 살아가시는 할아버지가 나왔다. 기자 아저씨가 자식들은 없냐고 할아버지에게 물었지만 아무 대답이 없으셨다. 나중에 기자 아저씨가 얘기해 주셔서 알았지만, 할아버지는 자식들이 있다는 것을 밝히고 싶지 않으셨던 것이다. 할아버지를 버린 자식들에게 세상 사람들이 손가락질을 할까봐 두려우셨던 것이다. 자기를 버린 자식인데도 끝까지 감싸주려고 하시는 할아버지를 보면서 나는 눈물을 흘리고 말았다.

우리가 살아가는 세상이 언제부터 이렇게 된 것일까? 사랑은 모두 말라 버리고, 자기만 생각하는 마음이 가득한 것 같다.

나는 어린이들뿐만 아니라 어른들에게도 내가 읽은 책을 꼭 읽어보라고 권해주고 싶다. O.헨리 선생님께서 지으신 '크리스마스 선물'이라는 동화이다. 사랑하는 사람을 위해 자기를 희생하는 것이 얼마나 아름다운 일인지, 그리고 그것이 얼마나 행복한 일인지를 이 동화는 감동적으로 보여주고 있다. 소름이 끼칠 정도로 감동적이었고, 책 속에 등장하는 짐과 델러처럼 소중한 사람들을 위해 나를 희생할 줄 아는 사람이 되어야겠다고 생각했다. 모두들 이 책을 읽고 그런 생각을 갖게 되면 얼마나 좋을까.

6학년 어린이답게 처음 부분을 아주 길게 잘 썼군요. 여러분도 은성이처럼 처음 부분을 써 보시기 바랍니다.

(큰 제목) ....

(작은 제목) ....

.... 초고 ....

③ 줄거리와 감상 쓰기가 어렵다고?

여러분은 그렇지 않지요?
앞에서 우리는 이미 줄거리를 써놓았어요.
감상이 뭔지, 어떻게 쓰는 지도 다 배웠고요.
그러니까 식은 죽 먹기라고 할 수 있을 거예요.

은성이는 줄거리까지 써놓은 다음 감상을 쓰려고 해요.
 '작은 희생을 통해 사랑하는 사람들에게 행복을 주자' 라는 주제에 맞게 감상의 꺼리를 다음과 같이 선택했어요.

> **나는 다음 두 가지 줄거리에 대한 감상을 쓸 거야.**
> ✎ 델러가 짐에게 기쁨을 주기 위해 자기의 머리를 자르는 장면
> ✎ 쓸모 없게 된 크리스마스 선물을 앞에 놓고 행복해하는 두 사람의 모습

은성이는 이 두 가지 줄거리를 가지고 감상을 쓸 생각이래요.
이제 여러분이 정할 차례예요.

> **나는 다음 ＿＿＿ 가지 줄거리에 대한 감상을 쓸 거야.**
> ✎ ＿＿＿＿＿＿＿＿＿＿＿＿＿＿＿＿＿＿＿＿
> ✎ ＿＿＿＿＿＿＿＿＿＿＿＿＿＿＿＿＿＿＿＿
> ✎ ＿＿＿＿＿＿＿＿＿＿＿＿＿＿＿＿＿＿＿＿

은성이가 쓴 가운데 부분을 함께 읽어보기로 해요.

> 이 동화의 주인공은 짐과 댈러 부부이다.
> 짐과 댈러는 자랑거리가 하나씩 있었다. 댈러의 아름다운 머리카락과 짐의 금시계가 그것이었다. 크리스마스 이브를 맞은 댈러는 남편 짐에게 선물할 돈이 모자라 괴로워하다가 가발 가게로 달려가 머리카락을 판다. 머리카락을 판돈으로 금시계 줄을 산 댈러는 기뻐할 짐을 생각하며 행복해 한다. 하지만 짐 또한 자신이 자랑스러워하던 금시계를 팔아, 댈러가 갖고 싶어하던 머리핀 세트를 샀으니, 두 사람은 자신의 값진 것을 희생해 서로에게 필요 없는 선물을 주게 된 셈이었다. 그러나 두 사람은 필요 없는 선물을 받았음에도 그 무엇과도 바꿀 수 없는 사랑을 받았기에 행복한 크리스마스 이브를 보낸다.
>
> (줄거리)
>
> 여자는 아름다워지는 것이 가장 큰 꿈이고, 행복이다. 그런데도 댈러는 자신의 자랑이기도 한 금발 머리를 잘라 마련한 돈으로 남편의 크리스마스 선물을 샀다. 이 장면을 보면서 나는 부모님과 오빠, 친구들에게 받으려고만 했지 무언가를 주려고 해본 적이 없는 나를 반성했다. 특히 단짝 친구 연지를 생각하면 막 후회가 되면서 나 자신이 미워지기까지 한다. 만들기를 하는 시간에 색종이를 쓸 일이 있었다. 각자 색종이 한 묶음씩 준비해 오라고 선생님이 말씀하셨기 때문에 나는 아침 등굣길에 색종이를 한 묶음 샀다. 그런데 연지가 쉬는 시간에 달려오더니 색종이를 가져오지 않았으니 나눠달라는 것이었다. 나는 한 묶음 밖에 없는데 어떡하냐고 하면서 빌려주지 않았고, 연지도 별로 서운해하는 기색 없이 자리로 돌아갔다. 공부 시간에 보니 연지는 남자 짝꿍에게 색종이를 빌려 쓰는 눈치였다. 그런데 수업이 모두 끝나고 보니 색종이가 반도 넘게 남았다. 이렇게 남을 줄 알았으면 빌려주는 건데... 하고 후회했지만 돌이킬 수가 없었다.
>
> 만약 댈러가 나 같은 부탁을 받았으면 어떻게 했을까? 아마 댈러는 선생님에게 혼나는 한이 있어도 색종이를 빌려줬을 거다.

책을 읽다 말고 연지 생각을 한 나는 얼마나 부끄러웠는지 모른다. 그 동안 부모님과 오빠, 친척들과 친구들을 사랑한다고 말로만 떠들어왔지 마음으로는 진짜로 사랑한 게 아닌 것 같다는 생각까지 하게 되었다. 진짜 사랑한다면 그깟 색종이 얼마든지 나눠줄 수 있었을 텐데 말이다.

그렇게 생각하고 보니 내가 그랬듯 다른 사람들도 나에게 진정한 사랑을 나눠주지 않은 것 같기도 했다. 짐과 댈러가 쓸모없게 된 선물을 바라보며 행복해 하던 그 순간처럼 다른 사람들 때문에 기쁨을 느껴보지 못했기 때문이다. 물론 부모님은 다르지만, 오빠나 친구들에게서 진짜로 그런 기쁨을 받아보지 못한 것 같다.

색종이를 나눠주는 일은 댈러가 머리를 자른 일과 비교하면 아주 작은 희생에 불과하다. 그 작은 희생을 감수하고 색종이를 빌려줬더라면 연지는 얼마나 큰 행복을 느꼈을까?

'역시 내 친구 은성이는 달라. 은성이 같은 친구는 세상에 다시 없어. 난 그애를 진짜 사랑해.'

이렇게 생각하며 흐뭇하게 웃었을 것이 틀림없다.

정말 큰 깨달음을 얻은 것 같다. 내가 사랑하는 사람들… 그 사람들을 위해 작은 것을 희생하면 엄청나게 큰 기쁨과 사랑과 행복을 얻게 된다는 것을 알았기 때문이다.

여러분도 은성이처럼 가운데 부분을 써 보세요. 은성이처럼 쓰지 못할 것 같아 걱정이라고요? 그런 걱정은 하지 마세요.

여러분, 롤러브레이드 잘 타나요?

여러분은 처음 배울 때부터 씽씽 날아다녔나요? 아니지요?

처음에는 자꾸 넘어지기도 하고, 비틀거리기도 한답니다.

글도 마찬가지예요. 처음부터 잘 쓸 수는 없지요. 한 편, 두 편 자꾸 쓰는 사이에 롤러브레이드처럼 글도 잘 쓸 수 있게 될 거예요.

은성이는 1학년 때부터 6학년인 지금까지 글쓰기를 배우고 있는 어린이거든요.

자, 시작해 보기로 해요. 여러분은 감상만 써보세요. 줄거리는 앞에서 이미 정리해 보았으니까요.

④ 글은 마무리가 중요해요!

감상까지 썼으니 이제 독서감상문을 다 쓴 거나 마찬가지예요.
끝부분에서는 책을 읽고 난 뒤의 전체적인 느낌이나 책에서 배우고 깨달은 점을 밝힌다고 했어요.
앞에서처럼 은성이의 글을 감상한 후 여러분의 글을 써 보세요.

> 동화를 모두 읽고 책장을 덮는 순간, 나는 O.헨리 선생님에게 감사함을 느꼈다. 이 동화를 읽지 않았다면 앞으로도 부모님과 내가 사랑하는 모든 사람들에게 진정한 사랑을 얻을 수 없었을 것이기 때문이다. 사랑 받고 싶다면 먼저 사랑을 베풀어야 한다. 나는 짐과 델러처럼 내가 가진 것들을 희생할 줄 아는 사람, 참다운 사랑을 전해줄 줄 아는 사람이 되기 위해 노력할 것이다.

이제 여러분의 글이에요.

2. 이런 독서감상문도 있다!

지금까지 우리는 한 가지 형식의 독서감상문에 대해서만 알아보았습니다. 하지만 독서감상문을 쓰는 방식이 정해져 있는 것은 아니랍니다.

이런건 어떨까요?

주인공에게 편지를 쓰는 거예요. 그것도 엄연한 독서감상문이지요.

그런가 하면 책을 읽고 난 뒤의 느낌을 중심으로 어린이도 시를 써볼 수도 있을 거예요. 글쓰기에 자신이 있는 어린이들은 논설문을 써도 되고요.

여기서는 친구들이 쓴 편지를 한 편 소개해 보기로 하겠어요.

고마운 델러 아줌마에게

안녕하세요?

저는 한국의 서울에 살고 있는 5학년 짜리 여자아이예요. 이름은 강지은이고요. 이 곳은 여름으로 접어들면서 날마다 푹푹 찌는 날씨가 계속되고 있어요. 아줌마가 사시는 곳은 어떤가요?

아줌마에게 궁금한 게 참 많아요. 우리 아빠에게 여쭤 보니까 1달러는 우리 돈으로 1300원쯤 된대요. 그럼 아줌마가 가진 돈은 2500원도 안 되는 셈이지요.

아줌마, 왜 그렇게 가난해요? 난 그래도 통장에 10만원도 넘게 있는데... 통장에 든 돈을 찾아 아줌마에게 보내 주고 싶은 마음이 아주 간절했어요.

그리고 또 궁금한 게 있는데요. 꼭 그렇게 머리를 잘라야 했나요? 아줌마의 가장 큰 자랑거리라고 했는데 머리를 잘랐으니 말예요. 그렇게 소중한 머리카락을 판 돈으로 선물을 했으니 짐 아저씨는 얼마나 행복했을까, 생각해 봤어요.

사실은 우리 엄마도 아빠를 위해 그런 일을 한 적이 있어요. 우리 엄만 오래 전부터 구슬 꿰는 부업을 하셨어요. 아주 작은 구슬들을 실에 꿰는 일인데요, 하루 종일 해봐야

5000원 벌기도 힘들다고 한숨을 쉬면서도 엄마는 구슬꿰는 일을 그만두지 않으셨어요.

그런데 아빠 생일날이었어요. 우리 아빤 공무원인데, 월급이 많지 않아서 양복도 딱 두 벌밖에 없어요. 엄마가 옷을 사자고 할 때마다 아빤 아껴야 빨리 우리 집을 마련한다면서 싫다고 하셨지요. 그런데 우리 아빠 생일날 무슨 일이 일어났는지 아세요? 우리 엄마가 몇 달 동안 구슬꿰기를 해서 번 돈으로 아빠 양복을 사신 거예요.

그때 눈물이 글썽해져서 엄마 손을 잡아주시던 아빠를 바라보면서 생각했죠. 아빠를 위해 눈과 허리 아픈 걸 참아가며 열심히 구슬을 꿴 엄마가 참 아름다워 보인다고요. 그리고 아빤 참 행복한 분 같다고요.

하지만 시간이 많이 지나면서 사랑하는 사람들을 위해 나를 희생하는 것이 소중하다는 사실을 잊고 지냈어요. 아줌마 때문에 그 사실을 다시 깨닫게 된 거죠.

아줌마...

저도 아줌마나 우리 엄마처럼 나를 희생해서 사랑하는 사람들을 기쁘게 해 줄 수 있을까요? 내 친구들, 엄마, 아빠, 외할머니와 친할머니, 친할아버지, 그리고 수없이 많은 친척들... 그 모든 사람들이 저 때문에 행복해 하는 모습을 보고 싶은데, 아직은 내가 어떻게 해야 하는지 잘 모르겠어요. 시간이 지나면 알게 될까요?

하지만 이것만은 알 것 같아요. 세상 사람들을 내 가족, 내 형제처럼 생각하면 싸울 일이 생기지 않을 것이라는 사실을 말예요.

아줌마...

전 앞으로 아줌마를 늘 생각할 거예요. 그래서 내가 아는 사람들이 마음 아파 할 때면 내가 가진 것을 나누어주어 행복을 느끼도록 해주겠어요.

서울에서 강지은 올림

여러분, 편지 형식의 독후감도 읽어보니 괜찮지요?

편지라면 아주 익숙한 형식이기 때문에 쓰는 데도 부담이 없을 듯 하고요. 하지만 편지를 쓸 때도, 글의 내용에 대한 여러분의 감상이 충분히 들어가야 한다는 것을 잊지 말아야 해요.

3. 다른 독서감상문은 없나요?

　우리는 재미있는 이야기(동화)를 읽고 독서감상문을 쓰는 방법에 대해서만 공부를 했답니다.
　이야기글 외에 환경이나 과학에 관한 책을 읽고 독서감상문을 써야 할 경우도 있을 거예요.
　이런 때는 어떻게 해야 할까요?
　고민할 필요 없답니다. 줄거리 대신 책의 중요한 내용을 쓰면 되고요. 그 중요한 내용에 대한 자기의 느낌을 밝히면 되는 것이지요.

　여러분, 지금까지 독서감상문에 대해 공부하느라 수고 하셨어요.
　책읽기와 글쓰기...
　여러분에게 이것보다 훌륭한 스승은 없다는 사실을 다시 한 번 말씀드리면서 글을 맺도록 하겠습니다.

해답

지리산 포수의 아들

내용파악

1. ③ 2. ② 3. ④ 4. ② 5. ④ 6. ④
7. ① 8. ③ 9. ③ 10. ④
11. 먼 마을에서 색시감을 강제로 데려왔다.

황소와 도깨비

내용파악

1. 어느 산골, 나무 장수   2. ①
3. 황소   4. 도깨비새끼
5. 어디를:꼬리를/ 왜:사냥개에게 물려서/ 도깨비가 돌쇠에게 원하는 것:꼬리가 다시 생길 때까지 황소 뱃속에 들어가서 지내는 것 /도깨비를 도와준 이유 : ① 도깨비가 불쌍해서 ② 황소의 힘이 열 배나 강해진다고 해서/ 도깨비를 도운 뒤 생긴 변화 : 힘이 열 배나 세진 황소 때문에 나무를 많이 팔 수 있었고, 그만큼 돈을 많이 모았다.
6. ①, ③
7. ① 돌쇠는 어떻게 했나? - 죽을 것을 살려 주었으니 아무리 도깨비라도 나쁜 짓은 하지 않을 것이라는 생각에서 ② 돌쇠가 걱정과 근심으로 보낸 까닭은? - 뱃속에 든 도깨비의 장난일 것만 같아서 ③ 그래도 별 일이 일어나지 않을 것이라고 돌쇠가 확신한 까닭은? - 죽을 것을 살려 주었으니 아무리 도깨비라도 나쁜 짓은 하지 않을 것이라는 생각에서

8. 황소가 외양간에서 쿵쾅거리며 야단을 떨고 있었기 때문에
9. • 도깨비가 빠져나오지 못하는 이유: 황소 뱃속에 편히 있다 보니 너무 살이 쪄서
   • 돌쇠가 해야 할 일: 황소가 하품을 하게 만들어야 한다.
10. 돌쇠가 하품하는 것을 보고 따라했다.
11. 도깨비 아니라 귀신이라두 불쌍하거든 살려 주어야 하는 법이야

지혜 쌓기

지혜쌓기 1

• 도깨비나 귀신은 분명히 있다.

그렇게 생각하는 이유:

① 우리 주변에서 불가사의한 일들이 많이 일어나고 있는데, 도깨비나 귀신 또한 그 중 하나일 것이 분명하기 때문에 (실제로 귀신을 보았다는 사람들이 아주 많다)

② 사람들 사이에 도깨비나 귀신 이야기가 자즈 나오는데 근거도 없이 그런 말을 할 리 없기 때문에

• 도깨비나 귀신은 절대 없다.

그렇게 생각하는 이유:

① 모든 생명은 죽으면 흙으로 돌아가 썩어 없어지는 것이기 때문에

② 과학적으로 증명할 수 없기 때문에

지혜 쌓기 2

① 소년소녀 가장, 백혈병에 걸린 아이들, 왕따 당하는 친구들…

② 소년 소녀 가장을 돕는 방법: 매달 용돈을 절약하여 소년 소녀 가장에게 보내 준다.

하느님은 진실을 알지만 빨리 말하지 않는다

내용파악

1. ① 상인 ② 꿈 ③ 상인 ④ 태형 ⑤ 땅굴 ⑥ 쎄묘노프
2. ③
3. ③
4. 피묻은 칼
5. ① 라쟌의 상인을 죽인 죄
   ② 2만 루블의 돈을 훔친 죄
6. • 아내가 어떻게 했나: 혹시 악쇼노프가 진짜 살인을 저지르지 않았나 의심했다.
   • 악쇼노프를 믿어주는 존재: 하나님
7. 기도
8. ②
9. 쎄묘노프가 상인을 죽인 범인이라는 것을 알았기 때문에
10. ③
11. 쎄묘노프를 잘못 의심하고 있는지도 모르고, 설사 그가 범인이라고 해도 그에게 곤경을 주어 시원할 게 뭐 있겠냐는 생각에서
12. 용서

✏️ 줄거리 요약

4 - 2 - 10 - 5 - 11 - 12 - 6 - 9 - 3 - 7 - 1 - 8

✏️ 지혜 쌓기

지혜 쌓기1

- 악쇼노프: 자신만만하고 진취적이다
- 부인: 무언가에 의존하려 든다.

지혜 쌓기2

① 꿈은 현실과 관계가 깊다

　간절히 바라는 것이 있을 때 꿈을 꾸게 되기 때문에

② 꿈은 현실과 상관없다

　멍하니 있을 때 엉뚱한 상상을 하게 되듯 꿈은 잠을 자면서 현실과 관계 없이 상상을 한 것뿐이므로

지혜 쌓기3

- 모든 것을 체념해 버린 악쇼노프에 대한 나의 생각
  - 그럴 수 있다. 범인이 아니라는 것을 증명할 수 없는 이상 쓸데없는 탄원보다는 기도를 통해 마음의 안정을 취하는 것이 지혜롭다.
  - 바보 같다. 죄를 짓지도 않았는데 왜 옥살이를 해야 한단 말인가. 진실은 언젠가는 통한다고 하지 않던가. 끝까지 포기하지 않고 진실을 밝히기 위해 노력해야 했다.
- 만약 내가 악쇼노프와 같은 입장이었다면 어떻게 했을까?
  - 악쇼노프처럼 했을 것이다.
  - 끝까지 누명을 벗기 위해 노력했을 것이다.

양초로 국 끓인 사람들

내용 파악

1. ③   2. 가래떡
3. 서울 구경을 다녀온 자랑으로 무언가 보여줘야 하는데 아무도 모르는 신기한 물건을 나눠주는 것이 좋겠다고 생각했다.
4. ④   5. ②
6. 양초에 대해 물어 보려고
7. • 훈장님이 아는 체할 수밖에 없었던 까닭: 훈장님은 모르는 것이 없는 분이라고 여기는 마을 사람들 때문에
  • 양초에 대한 훈장님의 설명: 바다 깊은 곳에 사는 뱅어
8. 농부
9. 아이고 배야. 뱃속에 불이 붙은 모양이다!
10. ②
11. • 나그네의 행동: 도깨비를 쫓기 위해 성냥불을 켰다.
  • 사람들의 행동: 나그네가 불을 붙이려는 줄 알고 물 속으로 고개를 집어 넣었다.

지혜 쌓기

지혜 쌓기1
- **농부의 성격:** 잘난 체 잘하고, 남을 생각해 줄줄 모른다
- **훈장님의 성격:** 체면을 중요하게 여기고, 자존심이 강하다.
- **마을 사람들의 성격:** 어리석다. 남의 말을 너무 잘 듣는다.

지혜 쌓기

지혜 쌓기 2

남의 말을 무조건 믿고 따르는 것도, 어설픈 지식으로 다른 사람들을 좌지우지하는 것도 동화에서는 우습게 처리되었지만 엄청난 불행을 초래할 수도 있기 때문에

크리스마스 선물

내용파악

1. ②　　2. ②, ④
3. • 댈러: 아름다운 머리카락　• 짐: 시계
4. • 짐에게 선물하고 싶은 것: 금시계 줄
   • 댈러가 돈을 마련한 방법: 머리카락을 잘라 가발가게에 팔았다
5. ③　　6. ④
7. 서로의 사랑을 확인할 수 있었기 때문에

지혜 쌓기

지혜 쌓기 1

각자 소중하다고 생각하는 것...

지혜 쌓기 2

각자의 경험 적기

개정 초판 발행 2017년 3월 20일

저자 : 이성길
그림 : 정주익
펴낸이 : 한행수
펴낸곳 : 도서출판 으뜸사

등록번호 제 17-131호
등록일자 1994년 8월 22일
주소 : 서울시 마포구 독막로28길 34(신수동 219)
전화 : 02-713-6523
팩스 : 02-3272-9702
ISBN 978-89-87077-49-9 73800